일상생활 스페인 여행 회화 365

TRAVEL SPANISH

Expresiones comunes

여행을 할 때 그 나라 말을 조금이라도 익히고 가면 거기에서의 여행은 더욱 소중한 추억을 제공할 것입니다. 그 나라의 인사말 정도만 알아도 상대는 미소를 띠며 기꺼이 대화에 응해줄 것입니다. 우선 여행을 가기 전에 본서에 있는 짧고 간단한 표현은 반드시 암기해 두십시오. 그리고 외국에 가서 용기를 내어 외국인에게 직접 말을 걸어 보십시오. 분명히 여행은 한층 더 즐거워질 것입니다.

★ **안녕하세요. (아침)**	Buenos días. 부에노스 디아스
★ **안녕하세요. (낮)**	Buenas tardes. 부에나스 따르데스
★ **안녕하세요. (밤)**	Buenas noches. 부에나스 노체스
★ **안녕히 가(계)세요.**	Adiós. 아디오스
★ **안녕히 주무세요.**	Buenas noches. 부에나스 노체스
★ **내일 봅시다.**	Hasta mañana. 아스따 마냐나
★ **감사합니다.**	Gracias. 그라시아스

★ 예. / 아니오.	Sí. / No. 씨 / 노
★ 미안합니다.	Lo siento. 로 씨엔또
★ 천만에요.	No pasa nada. 노 빠사 나다
★ 실례합니다.	Perdón. 뻬르돈
★ (당신) 괜찮습니까?	¿Está bien? 에스따 비엔
★ (저는) 괜찮습니다.	Estoy bien. 에스또이 비엔
★ 스페인어는 모릅니다.	No sé español. 노 세 에스빠뇰
★ ~은 어디입니까?	¿Dónde está ~? 돈데 에스따
★ 이걸 주세요.	Deme esto. 데메 에스또
★ 얼마입니까?	¿Cuánto es? 꾸안또 에스

무조건 따라하면 통하는

일상생활 스페인 여행회화 365

저 자 FL4U컨텐츠
발행인 고본화
발 행 탑메이드북
교재 제작·공급처 반석출판사
2024년 10월 5일 개정 2쇄 인쇄
2024년 10월 10일 개정 2쇄 발행
반석출판사 | www.bansok.co.kr
이메일 | bansok@bansok.co.kr
블로그 | blog.naver.com/bansokbooks

07547 서울시 강서구 양천로 583, B동 1007호
(서울시 강서구 염창동 240-21번지 우림블루나인 비즈니스센터 B동 1007호)
대표전화 02) 2093-3399 **팩 스** 02) 2093-3393
출 판 부 02) 2093-3395 **영업부** 02) 2093-3396
등록번호 제315-2008-000033호

ISBN 978-89-7172-969-4 (13770)

무조건 따라하면 통하는

일상생활 스페인 여행회화 365

머리말

단체로 해외여행을 가면 현지 사정에 밝은 가이드가 안내와 통역을 해주기 때문에 말이 통하지 않아 생기는 불편함은 별로 없습니다. 하지만, 외국인을 직접 만나서 대화를 하거나 물건을 구입할 때에는 회화가 절대적으로 필요하며, 여행지에서의 원활한 의사소통은 여행을 한층 즐겁게 해줄 것입니다. 이 책은 여행자의 필수 휴대품이 될 수 있도록 크게 두 가지로 분류하였습니다.

여행 스페인어를 위한 워밍업: 여행지에서 빈번하게 쓸 수 있는 표현으로 스페인어 발음에서 인사, 응답, 질문, 감사, 사과 표현 등으로 꾸며져 있으며, 해외여행자라면 반드시 익혀두어야 할 기본회화입니다.

장면별 회화: 출입국부터 숙박, 식사, 교통, 관광, 쇼핑, 방문 · 전화 · 우편, 트러블, 귀국까지 여행자가 부딪칠 수 있는 상황을 여행 순서에 맞게 설정하였습니다.

일러두기

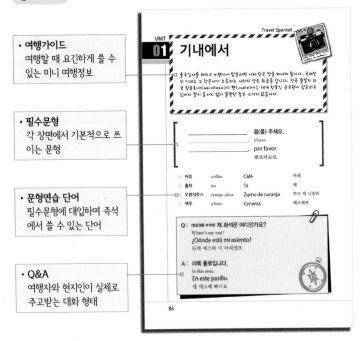

- **여행가이드**
  여행할 때 요긴하게 쓸 수 있는 미니 여행정보
- **필수문형**
  각 장면에서 기본적으로 쓰이는 문형
- **문형연습 단어**
  필수문형에 대입하여 즉석에서 쓸 수 있는 단어
- **Q&A**
  여행자와 현지인이 실제로 주고받는 대화 형태

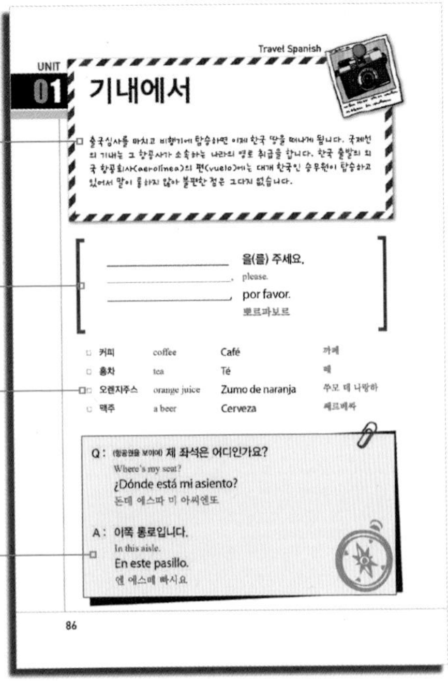
Travel Spanish
UNIT 01 기내에서

출국심사를 마치고 비행기에 탑승하면 이제 한국 땅을 떠나게 됩니다. 국제선의 기내는 그 항공사가 소속하는 나라의 영토 취급을 합니다. 한국 출발의 외국 항공회사(aerolínea)의 편(vuelo)에는 대개 한국인 승무원이 탑승하고 있어서 말이 통하지 않아 불편한 점은 그다지 없습니다.

_______ 을(를) 주세요.
_______, please.
_______, por favor.
뽀르파보르

커피	coffee	Café	까페
홍차	tea	Té	떼
오렌지주스	orange juice	Zumo de naranja	쑤모 데 나랑하
맥주	a beer	Cerveza	쎄르베싸

Q : (항공권을 보이며) 제 좌석은 어디인가요?
Where's my seat?
¿Dónde está mi asiento?
돈데 에스따 미 아씨엔또

A : 이쪽 통로입니다.
In this aisle.
En este pasillo.
엔 에스떼 빠시요

86

이 책의 특징

❶ 스페인어권으로 여행, 출장, 방문을 할 때 현지에서 유용하게 사용할 수 있도록 간단한 회화만을 엄선하여 사전식으로 구성하였습니다.

❷ 스페인어를 잘 모르더라도 즉석에서 활용이 가능하도록 우리말을 먼저 두고 발음은 가능한 한 원음에 충실하도록 한글로 표기하였습니다.

❸ 영어는 세계 공용어로 어디서나 통할 수 있는 의사전달의 수단입니다. 스페인어가 잘 되지 않을 때는 영어를 사용하는 것도 말이 통하지 않아 난처한 상황을 벗어날 수 있는 좋은 기회입니다.

❹ 각 장면별로 현지에서 필요한 여행정보를 두어 여행가이드의 역할을 충분히 할 수 있도록 배려하였습니다.

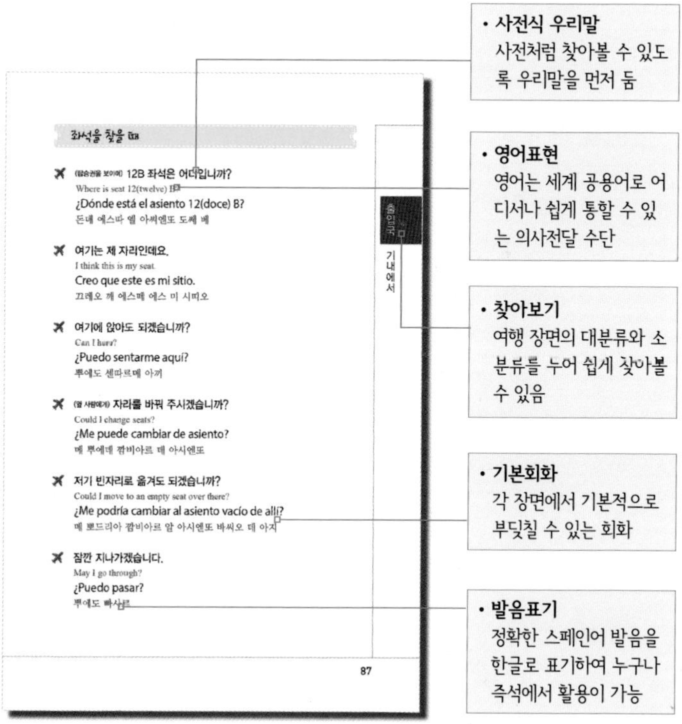
좌석을 찾을 때

(탑승권을 보이며) 12B 좌석은 어디입니까?
Where is seat 12(twelve) B?
¿Dónde está el asiento 12(doce) B?
돈데 에스따 엘 아씨엔또 도쎄 베

여기는 제 자리인데요.
I think this is my seat.
Creo que este es mi sitio.
끄레오 께 에스떼 에스 미 시띠오

여기에 앉아도 되겠습니까?
Can I here?
¿Puedo sentarme aquí?
뿌에도 센따르메 아끼

(옆 사람에게) 자리를 바꿔 주시겠습니까?
Could I change seats?
¿Me puede cambiar de asiento?
메 뿌에데 깜비아르 데 아시엔또

저기 빈자리로 옮겨도 되겠습니까?
Could I move to an empty seat over there?
¿Me podría cambiar al asiento vacío de allí?
메 뽀드리아 깜비아르 알 아시엔또 바씨오 데 아지

잠깐 지나가겠습니다.
May I go through?
¿Puedo pasar?
뿌에도 빠사르

출입국
기내에서

87
• 사전식 우리말
사전처럼 찾아볼 수 있도록 우리말을 먼저 둠
• 영어표현
영어는 세계 공용어로 어디서나 쉽게 통할 수 있는 의사전달 수단
• 찾아보기
여행 장면의 대분류와 소분류를 누어 쉽게 찾아볼 수 있음
• 기본회화
각 장면에서 기본적으로 부딪칠 수 있는 회화
• 발음표기
정확한 스페인어 발음을 한글로 표기하여 누구나 즉석에서 활용이 가능

Contents

스페인어권 대표 관광지

스페인
중남미

스페인

1. 바르셀로나

카탈루냐 지방의 제1도시이다. 유명한 건축가인 안토니 가우디의 작품이 도시 곳곳에 있어 도시 자체가 한 편의 건축 작품 같은 느낌이다. 특히 유명한 것은 사그라다 파밀리아 성당으로, 1882년에 건설이 시작되어 아직까지도 공사가 진행 중이다. 곡선을 잘 활용한 가우디의 작품다운 외관을 자랑하며 내부 구조까지도 섬세하게 조각된 가우디 최고의 역작이라고 할 수 있다. 외관의 아름다움뿐 아니라 엄청난 규모를 자랑하는, 단연 바르셀로나 최고의 관광명소이다. 이외에도 카사 밀라, 카사 바트요, 카사 비센스, 구엘 저택, 구엘 공원 등이 바르셀로나에서 볼 수 있는 가우디의 건축물이다. 가우디의 아름다운 건물들을 보다 보면 바르셀로나 도시 자체가 볼거리라는 느낌을 받게 된다. 도시 전경을 감상할 수 있으며 밤에 화려한 레이저 분수쇼가 벌어지는 몬주익 언덕, 세계적으로 유명한 축구 클럽인 FC 바르셀로나의 홈구장인 캄프 누 역시 인기가 많은 명소이다. 구시가지에는 1km가량의 가로수길인 람블라 거리가 있는데, 카탈루냐 광장으로 시작해 콜럼버스 동상으로 끝나며 길가에는 유럽 최고의 재래시장인 보케리아 시장을 비롯해 다양한 가게와 건물들이 들어서 있다. 바르셀로나를 말할 때 빠질 수 없는 인물인 피카소의 작품을 전시해 놓은 피카소 미술관 역시 람블라 거리와 멀지 않은 곳에 있다.

2. 마드리드

스페인의 수도이자 정치, 경제, 문화의 중심지이다. 마드리드에 가면 마드리드 왕궁을 방문할 수 있다. 현재 스페인 국왕 일가는 다른 궁에 머무르고 있기 때문에 공식적인 행사가 없을 때에는 부분적으로 일반인들에게 공개된다. 대단히 화려하며 엄청난 규모를 자랑하는 대표적인 스페인 건축물이다. 마드리드 왕궁 옆에는 알무데나 대성당이 있다. 스페인 가톨릭의 중심이 되는 대성당이다. 이슬람 세력에 침략당했을 때 성모 마리아 그림을 지키기 위해서 성벽에 숨겼는데 수백 년의 이슬람 통치가 끝난 후 발견되었다는 전설이 있으며, 아랍어로 성벽을 '알 무다이나'라고 하는데 알 무다이나에서 성모 마리아가 발견되었다고 해서 이 그림을 '알무데나의 성모 마리아'라고 부르기 시작했고, 이 마리아를 위해 지어진 성당이 바로 알무데나 대성당이다. 성당에 알무데나의 성모 마리아 그림이 보관되어 있는 것은 아니고 곳곳에 마리아 조각상이 있다. 근처에는 마드리드 최고의 번화가인 그란 비아가 있어 쇼핑 등이 가능하다. 그란 비아를 따라 걷다 보면 시벨레스 광장이 있고, 맞은편에는 1778년 카를로스 3세의 마드리드 입성을 기념하기 위해 세워진 개선문(알칼라 문)이 있다. 세계 3대 미술관 중 하나인 프라도 박물관은 소장품이 8,000여 점이 넘는 매우 큰 규모의 미술관이다. 프라도 미술관 외에도 다양한 현대 미술작품을 감상할 수 있는 레이나 소피아 미술관이 있다. 프라도 미술관 근처에는 마드리드의 허파라고 불리는 부엔 레티노 공원이 있다. 외곽에는 유네스코 세계문화유산으로 지정되어 있는 에스코리알 수도원 유적이 있다. 축구 명문팀 레알 마드리드의 홈 구장인 산티아고 베르베나우도 많은 축구팬들이 찾는 장소이다.

3. 몬세라트 수도원

몬세라트는 카탈루냐어로 '톱으로 자른 산'이라는 의미로, 바르셀로나 근교에 있는 바위산이다. 가우디가 사그라다 파밀리아를 설계할 때 영감을 받은 곳으로도 유명하다. 몬세라트 수도원은 이 산에 자리 잡고 있다. 몬세라트 수도원은 1,000여 년의 역사를 지니고 있는 유럽의 대표적인 순례지이다. 이곳은 독특한 풍경뿐 아니라 '라모레네타'라는 검은 성모상이 유명하다. 많은 사람들이 소원을 말하기 위해 이 검은 성모상을 찾는다. 또한 세계 3대 소년 합창단 중 하나인 에스콜라니아 합창단의 합창을 직접 듣고 볼 수 있다.

4. 세비야

스페인 남부의 자치지방인 안달루시아에 있는, 역사가 깊고 관광 요소가 많은 도시이다. 안달루시아는 과거 이슬람 세력의 지배를 받은 적이 있어 이슬람 문화와 가톨릭 문화가 혼재되어 있는 관광지가 많다. 세비야에서 절대 빠뜨리면 안 되는 곳은 유럽에서 세 번째로 큰 성당인 세비야 대성당이다. 대성당이 있는 곳은 원래 이슬람 사원이 있던 자리라고 한다. 그래서 다른 성당에 비해 폭이 넓다. 100여 년의 오랜 기간 지어졌기 때문에 이슬람, 고딕, 신고딕, 바로크, 르네상스 양식 등이 혼재되어 있다. 성당 안에 있는 콜럼버스의 묘는 죽어서도 스페인 땅을 밟지 않겠다는 콜럼버스의 유언에 따라 스페인의 네 왕이 콜럼버스의 관을 지고 있는 모습의 동상으로 형상화되어 있다. 대성당 바로 옆에는 히랄다 탑이 연결되어 있다. 탑의 꼭대기에 올라가면 낮은 건물들이 들어서 있는 아름다운 세비야를 한눈에 볼 수 있다. 스페인 남부 지방은 이슬람 세력에게 몇백 년간 지배를 당했는데, 이 때문에 기독교와 이슬람 양식이 혼재된 건물들을 종종 볼 수 있다. 아랍어로 성을 의미하는 알카사르 역시 그런 것 중 하나인데, 세비야에는 아름답고 섬세하면서 화려한 외관의 알카사르가 있어 많은 관광객들을 모으고 있다. 세비야의 스페인 광장은 스페인에 있는 광장 중에 가장 아름다운 광장이라 일컬어지기도 한다. 스페인 광장이 있는 마리아 루이사 공원은 유럽 최고의 도심 공원 중 하나라고 할 정도로 넓고 아름답다. 세비야는 플라멩고의 본고장이다 보니 광장 및 길거리, 공연장 등 곳곳에서 플라멩

고를 추는 사람들도 어렵지 않게 볼 수 있다. 투우 역시 세비야의 대표적인 명물이어서 경기장에서 투우 경기를 볼 수 있다. 동물 학대 등을 이유로 투우를 반대하는 의견이 점점 많아지고 있지만 세비야에서는 아직 관람이 가능하다. 또한 세비야의 주요 관광지를 마차를 타고 돌아다닐 수 있는 마차투어가 활성화되어 있어 즐거운 경험을 할 수 있다.

5. 그라나다 알람브라 궁전

안달루시아의 그라나다에 있는 궁전으로, 현재는 이슬람 건축 박물관으로 사용된다. 알람브라는 아랍어로 '붉다'라는 뜻이다. 스페인이 이슬람 세력의 영향하에 있을 때 지어지기 시작하여 이슬람 문화의 정수를 보여 주고 있다. 이후 기독교 세력이 다시 땅을 되찾으면서 다소 증축과 철거와 개조가 있었지만, 이슬람 양식이 완전히 훼손되지는 않았고, 그러한 모습이 알람브라 궁전을 더욱 아름답고 독특하게 해 주었다. 천장, 벽면, 기둥 등 어느 하나 섬세하고 아름답지 않은 것이 없다. 알람브라 궁전의 아름다운 외관을 가장 잘 감상할 수 있는 곳은 알람브라의 북쪽 언덕에 있는 알바이신 지구이다. 특히 해질 시간이 되면 알람브라 궁전을 배경으로 지는 노을을 보기 위해 많은 사람들이 그곳에 모인다.

6. 코르도바 메스키타

스페인은 이슬람 세력의 지배를 받은 기간이 있기 때문에 이슬람과 가톨릭 문화가 혼재되어 있는 곳이 많다. 안달루시아의 코르도바에 있는 메스키타가 그중에서도 대표적이다. 메스키타는 스페인어로 '모스크', 즉 이슬람 사원을 말한다. 하지만 코르도바의 이 메스키타가 워낙 유명하고 압도적이기 때문에, 보통 메스키타라고 하면 이곳을 가리킨다. 코르도바의 대모스크라고도 한다. 모스크로 건축되었다가 성당으로 개조된 독특한 건물이다. 건물 안으로 들어갔을 때 시선을 사로잡는 것은

빨간색 벽돌과 하얀색 벽돌이 번갈아 사용된 무늬의 아치이다. 이러한 아치는 분명 일반적인 성당의 느낌을 주는 것은 아니다. 하지만 고개를 들어 보면 천장에 가톨릭 벽화가 그려져 있다. 이러한 광경이 메스키타를 더욱 신비하게 만들어 준다. 2만 5천여 명을 수용할 수 있을 정도로 거대한 규모 역시 이곳을 방문하고자 마음먹게 만들기에 충분하다. 코르도바의 전경을 볼 수 있는 메스키타 종탑은 한 시간에 20명만 입장이 가능하기 때문에 입장 계획이 있다면 예약을 반드시 해야 한다.

7. 세고비아 수도교

세고비아의 상징과도 같다. 1세기 후반~2세기 초반에 로마인들에 의해 건설되었을 것이라고 추정되는데 몇 차례 복원 작업이 있었으나 현재도 훌륭한 상태로 보존되어 있으며, 더욱더 완벽하게 수도교를 보존하기 위해 많은 노력이 더해지고 있다. 시내에서 약간 떨어진 산에 흐르는 물을 끌어오기 위해서 지어졌다. 총 길이가 약 800m, 가장 높은 곳의 높이가 약 30m이며, 2층의 아치로 이루어져 있다. 화강암으로 만들어졌으며, 건축과정에서 시멘트 등의 접착제가 전혀 사용되지 않았고, 아치 꼭대기의 돌이 누르는 힘에 의해 서로 연결되어 있다고 한다. 수도교의 크기와 아치

의 아름다움 등이 로마의 토목 공학 기술의 탁월함에 감탄하게 만든다. 수도교에 오르면 세고비아의 아름다운 풍경이 한눈에 들어온다. 이외에도 세고비아에는 스페인에서 가장 아름다운 성이라 불리는 알카사르가 있다. 월트 디즈니의 신데렐라에 나오는 성의 모델이 되었다고 해서 '신데렐라의 성'이라고도 한다.

8. 산티아고 데 콤포스텔라 대성당

스페인 북서부 갈리시아의 산티아고 데 콤포스텔라에 있는 대성당이다. 12사도 중 하나인 성 야고보(스페인어로 산티아고)의 유해가 매장된 곳으로 알려져 중세시대부터 지금까지 많은 사람들이 성지 순례하기 위해 방문하고 있다. 9세기 초까지 야고보의 무덤은 잊혔으나, 한 사람이 별에 이끌려 가서 무덤을 찾았고, 이를 위해 성당을 지었다고 한다. 로마, 예루살렘과 더불어 세계 3대 성지 순례지로 꼽힌다. 스페인-프랑스 국경에서 산티아고 데 콤포스텔라로 이어지는 약 800km의 산티아고 순례길의 종착점이라고 할 수 있다. 내부는 로마네스크 양식, 외관은 바로크 양식이라는 독특함은 이 건물 자체의 매력이다.

9. 부르고스 대성당

스페인 북부의 부르고스 주에 있는 대성당이다. 프랑스의 고딕 양식이 스페인식과 접목된 아름다운 건물이다. 교회 건물, 부속 건물, 회랑으로 이루어지는 고딕 양식의 대성당의 전형을 완벽하게 따르고 있다. 이 건물의 건축에 참여한 예술가들의 면면이 매우 화려하여 문 하나에서부터 예배실, 성가대석, 스테인글라이드 창문, 벽 등 어느 한 곳도 예술적으로 미진한 곳이 없다. 건물 자체의 아름다움뿐 아니라 부르고스가 배출한 최고의 인물 중 한 명인 로드리고 디아스 데 바바르와 그의 아내 도냐 히메나의 묘가 있는 곳으로도 유명하다. 그는 '엘 시드'라 불린 11세기의 군사 영웅이었다. 그 외에도 카스티야 왕국의 왕실 일가와 여러 주교 등의 묘도 같이 있다.

10. 말라가 히브랄파로 성

안달루시아의 말라가에 있는 성이다. 14세기 초에 지어진 요새이다. 과거에 다른 왕국의 침략을 받았을 때 이곳에서 결사 항전을 벌였다고 한다. 정상으로 올라가다 보면 전망대가 있는데 말라가 전경과 지중해가 한눈에 내려다보이는 아름다운 풍경을 볼 수 있다. 인근에는 산책을 할 수 있는 공원도 잘 조성되어 있다. 말라가에는 또 다른 요새도 있다. 알카사바는 '성', '요새'를 의미하는 아랍어에서 유래한 말이다. 스페인에 여러 알카사바가 있지만 말라가에 있는 알카사바의 보존 상태가 가장 좋다고 한다. 이외에도 말라가는 피카소의 고향으로, 피카소의 생가가 박물관으로 꾸며져 있어 관람할 수 있고, 부에나비스타 궁전을 개조한 피카소 미술관에서 피카소의 작품도 감상할 수 있다.

11. 아빌라 성벽

아빌라 주의 구시가지를 둘러싸고 있는 성벽이다. 아빌라는 로마에 의해 건설된 도시이며, 아빌라 성벽은 이슬람의 침략을 막기 위해 건설되었다. 보존 상태가 매우 훌륭해 중세 시대의 외관을 그대로 지니고 있어 관광지로서 빼어난 가치를 지니고 있다. 길이는 2500m가 넘으며, 높이는 12m, 두께는 3m에 달하는 규모를 자랑한다. 주변에는 전망대가 있어 성벽을 한눈에 볼 수도 있다.

12. 톨레도 대성당

스페인 중부에 위치해 있는 톨레도 주의 주도인 톨레도 시에 있는 대성당이다. 톨레도는 스페인의 옛 수도이며, 스페인의 옛 문화가 살아 숨 쉬는 곳이다. 기독교와 유대교, 이슬람교의 유적이 공존하는 모습을 볼 수 있다. 톨레도 대성당은 스페인 카톨릭의 중심지로서 15세기 말에 완공된 대표적인 고딕 양식의 성당이다. 여러 차례의 증축과 개축을 걸치면서 스페인 특유의 다양한 문화가 혼합된 모습으로 나타난다. 외관뿐 아니라 내부의 예술품 역시 톨레도 대성당의 격을 높여 준다. 그중 하나가 화가 엘 그레코의 그림 〈엘 에스폴리오〉이다. '그리스도의 옷을 벗김'이라는 의미로, 십자가에 못 박히는 그리스도가 붉은 옷을 입고 수난을 당하는 그림이다. 또 트란스파렌테라고 하는 거대하고 화려한 제단장식을 보면 경외감마저 든다. 그 외에도 웃고 있는 성모마리아상을 비롯한 다양한 조각과 그림들이 전시되어 있어 마치 미술관에 온 느낌을 주면서도 경건한 마음을 가지게 한다.

13. 라만차 풍차마을

풍차마을은 톨레도 주의 자치시 콘수에그라에 있다. 스페인 작가 미겔 데 세르반테스의 유명한 소설 〈돈키호테〉에서 돈키호테가 풍차들을 보고 거인으로 착각하여 돌격했다는 이야기의 배경이 되는 장소로, 길을 따라 하얀 풍차 열몇 개가 파란 하늘 아래 서 있는 모습이 인상적이다. 톨레도와 가까워 톨레도 가는 길에 반드시 들르는 관광 코스이다. 캄포 데 크립타나라는 마을 역시 풍차마을이 있는데 콘수에그라의 풍차마을과 느낌이 비슷한 듯 다르다.

14. 가라치코

스페인은 이베리아 반도에 있는 본토 외에도 조금 아래의 모로코 앞바다 쪽에 있는 카나리아 제도 역시 스페인의 영토이다. 카나리아 제도 중에 가장 큰 섬인 테네리페 섬에 있는 가라치코는 연중 날씨가 따뜻하고 온화해 휴양지로 안성맞춤이다. 뿐만 아니라 매년 2월에 큰 카니발이 열려 많은 관광객들이 이 섬을 찾는다. 화산섬으로 이루어진 섬이라 화산 폭발 후 용암이 굳어서 물을 가둬 생긴 자연 발생 수영장이나, 케이블카를 타고 올라갈 수 있는 화산 등의 관광지가 있다. 아름다운 바다와 풍경 그리고 아기자기한 마을의 모습 역시 방문자들의 마음을 사로잡기에 충분하다.

중남미

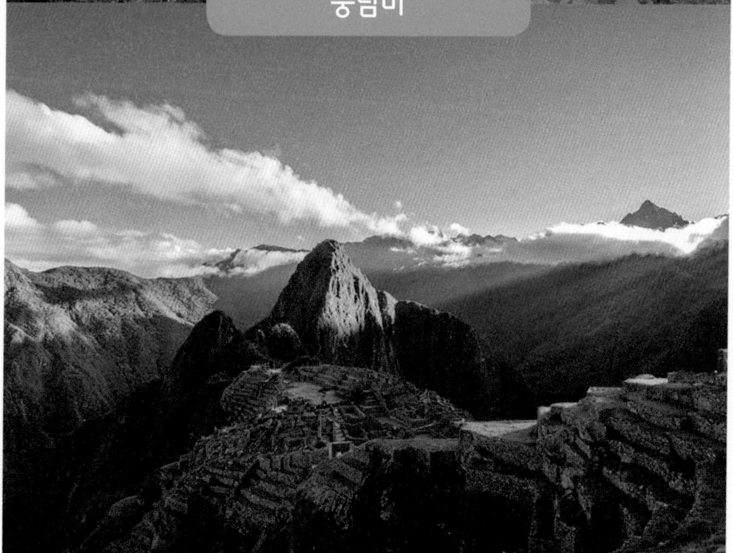

1. 멕시코 칸쿤

멕시코 남동부의 해안도시로, 마야어로 '뱀'이라는 뜻이다. 한 해 관광객이 약 400만 명에 달하는 최고의 휴양도시이다. 워낙 관광객이 많다 보니 수많은 호텔들이 빼곡하게 들어서 있고, 하루에 약 200대의 비행기가 칸쿤으로 들어온다. 카리브해와 접해 있는 아름답고 호젓한 바다 풍경과 화려한 쇼핑가와 클럽들이 모두 칸쿤의 모습이다. 해양 스포츠를 즐기기도 좋다. 또한 주변에 마야 유적지가 다수 분포되어 있어 역사적인 의미 또한 만족시킬 수 있는 관광지이다.

2. 멕시코 테오티우아칸

멕시코시티에서 북동쪽으로 50km 정도 떨어진 곳에 위치한 고대도시이다. 아메리카 대륙에서 가장 큰 피라미드 유적지이다. 이곳에 있었던 문명을 테오티와칸 문명이라고 하는데, 이곳에 거주하고 문명을 발전시켰던 부족이 어느 부족인지 아직도 밝혀지지 않은 미스터리한 유적이기도 하다. 나중에 이 문명을 발견한 아즈텍 인에 의해 이러한 이름이 붙었는데, 뜻은 '신의 탄생지'라고 한다. 태양과 달의 피라미드를 중심으로 여러 신전과 주거지 등이 자리잡고 있으며, 피라미드 외에도 많은 벽화, 조각 등이 이 문명의 신비함을 더한다.

3. 페루 마추픽추

원주민어로 '오래된 봉우리'라는 의미를 가진 고대도시이다. 잉카문명을 대표한다. 마추픽추는 산턱에 자리 잡고 있어 밖에서는 보이지 않고 한참 산을 따라 올라가야 한다. 공중에서만 확인할 수 있다고 해서 '공중 도시'라는 별명이 있다. 이 도시가 발견된 지는 겨우 100여 년 정도 밖에 지나지 않았다. 오랫동안 발견되지 않았었기 때문에 '잃어버린 도시'로도 불린다. 잉카인이 세우고 살았던 도시라는 것 외에는 아직 밝혀진 것이 거의 없는 신비의 도시이다. 버스를 타고 마을 입구에 쉽게 도착할 수 있지만 잉카인들이 만들어 놓은 길을 따라 오르며 그 문물을 천천히 감상하는 방법도 있다. 계단식으로 만들어 놓은 경작지와 돌로 지어진 많은 건물들이 고대 잉카인의 기술 수준을 알 수 있게 한다.

4. 볼리비아 우유니 소금사막

볼리비아 남서부에 위치해 있다. 우유니 소금호수라고도 한다. 해발고도가 약 3,650m이며 면적이 1만 ㎢가 넘는다. 지각 변동으로 솟아올랐던 바다가 빙하기를 지나 녹으면서 거대한 호수가 만들어졌는데, 이후 건조한 기후 때문에 물이 모두 증발하고 소금 결정만 남아 생긴 것이 바로 우유니 소금사막이나. 소금으로 이루어진 거대한 사막의 경관이 매우 아름답고 진귀하여 관광지로도 유명하다. 세상에서 가장 큰 거울이라고도 불리는데, 하늘이 사막 표면에 반사되는 것처럼 보이기 때문에 그렇다. 새하얗게 펼쳐진 사막의 지면에 하늘이 비친 모습이 특이하고 아름다워 사진을 찍기 위해 방문하는 사람들이 점점 많아지고 있다.

5. 이구아수 폭포

브라질(20%)과 아르헨티나(80%) 국경에 있는 세계에서 가장 큰 폭포이다. 이구아수 강에 있는 폭포로 폭포 개수는 약 270개 정도이며, 폭포의 낙차는 최대 80m에 달한다. 원래 이구아수 폭포는 파라과이의 영토였으나 파라과이와 브라질, 아르헨티나, 우루과이 3국 연합군의 전쟁에서 파라과이가 패하면서 빼앗겼다고 한다. 브라질 쪽에서 관람할 수도 있고 아르헨티나 쪽에서 관람할 수도 있으나 경관은 약간 다르다.

폭포를 전체적으로 관람하고 싶다면 브라질 쪽이 좋으며 폭포의 웅장함을 즐기고 싶다면 폭포의 상부까지 다리로 연결돼 가까이서 관람할 수 있는 아르헨티나 쪽이 좋을 것이다. 이구아수 폭포에서 가장 규모가 큰 폭포는 악마의 목구멍이라 불리는 폭포인데, 아르헨티나 쪽에서 기차를 타면 악마의 목구멍을 내려다볼 수 있는 전망대까지 쉽게 갈 수 있다. 브라질 쪽에서는 악마의 목구멍을 맞은편에서 볼 수 있는 전망대로 갈 수 있다. 근처에만 가도 어마어마한 물이 튀기 때문에 우비나 우산 등을 준비해야 할 정도로 쏟아지는 물의 양과 속도가 엄청나다.

6. 아르헨티나 산카를로스데바릴로체

줄여서 바릴로체라고도 하며 아르헨티나 중부에 칠레 국경과 가까운 곳에 위치해 있다. 스키, 수상스포츠, 트래킹, 등산, 낚시 등을 즐길 수 있는 휴양도시이다. 산이 많고 자연환경이 아름다우며 실제로 스위스인들이 많이 이민을 와서 분위기가 스위스와 많이 비슷하다. 그래서 이곳을 남미의 스위스라고 부른다. 만년설로 덮인 산과 큰 호수가 있으며 강, 폭포 등의 자연환경으로 인해 여러 레저 활동을 즐기기에 좋은 도시이다.

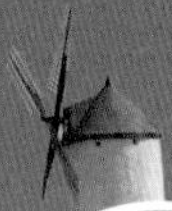

기본 회화 표현

Chapter 01 일상적인 만남의 인사

UNIT 01 일상적인 인사를 할 때

안녕하세요.(아침/낮/밤)
Buenos días. / Buenas tardes. / Buenas noches.
부에노스 디아스 / 부에나스 따르데스 / 부에나스 노체스

날씨가 좋네요.
Hace buen tiempo.
아쎄 부엔 띠엠뽀

어디에 가십니까?
¿A dónde va?
아 돈데 바

무슨 좋은 일이라도 있어요?
¿Le pasó algo bueno?
레 빠쏘 알고 부에노

UNIT 02 근황을 물을 때

잘 지내십니까?
¿Qué tal?
깨 딸

덕분에 잘 지냅니다. 당신은요?
Bien, gracias. ¿Y usted?
비엔, 그라시아스. 이 우스뗃

- 별일 없으세요?
  ¿Todo bien?
  또도 비엔

- 기분은 어떠세요?
  ¿Cómo se siente?
  꼬모 세 씨엔떼

- 요즘은 어떠십니까?
  ¿Qué tal estos días?
  깨 딸 에스또스 디아스

- 그저 그렇습니다.
  Así, así.
  아씨, 아씨

- 사업은 잘되십니까?
  ¿Le va bien el negocio?
  레 바 비엔 엘 네고씨오

- 무슨 별다른 일이라도?
  ¿Le pasa alguna otra cosa?
  레 빠사 알구나 오뜨라 꼬사

- 아니, 별로.
  No, nada.
  노, 나다

UNIT 03

오랜만에 만났을 때

오랜만이군요.
Cuánto tiempo.
꾸안또 띠엠뽀

야, 몇 년 만입니까?
¿Cuántos años hace?
꾸안또스 아뇨스 아쎄

다시 만나서 반갑습니다.
Me alegro de volver a verle.
메 알레그로 데 볼베르 아 베를레

여전하군요.
No ha cambiado.
노아 깜비아도

그동안 어땠습니까?
¿Cómo ha estado?
꼬모 아 에스따도

다시 뵙게 되어 반갑습니다.
Me alegro de volver a verle.
메 알레그로 데 볼베르 아 베를레

모두가 적적해 하였습니다.
Todos le echamos de menos.
또도스 레 에차모스 데 메노스

뵙고 싶었습니다.
Le eché de menos.
레 에체 데 메노스.

별고 없으셨습니까?
¿Le ha ido todo bien?
레 아 이도 또도 비엔

세월 참 빠르네요.
Cómo pasa el tiempo.
꼬모 빠사 엘 띠엠뽀

어떻게 지냈니?
¿Cómo has estado?
꼬모 아스 에스따도

전혀 안 변했구나.
No has cambiado nada.
노 아스 깜비아도 나다

건강해 보이는데요.
Se le ve muy bien.
셀 레 베 무이 비엔

오랫동안 소식을 못 드렸습니다.
¡Cuánto tiempo!
꾸안또 띠엠뽀

UNIT 04 안부를 물을 때

가족 분들은 잘 지내십니까?
¿Qué tal su familia?
깨 딸 수 파밀리아

- 모두 잘 지냅니다.
  Están todos bien.
  에스딴 또도스 비엔

- 요즘 어떻게 지내십니까?
  ¿Qué tal (estos días)?
  깨 딸 (에스또스 디아스)

- 그는 요즘 어떻게 지내니?
  ¿Qué tal está (él)?
  깨 딸 에스따 (엘)

- 그는 건강하게 지내고 있습니다.
  Se encuentra muy bien.
  세 엥꾸엔뜨라 무이 비엔

- 여행은 어땠어요?
  ¿Qué tal el viaje?
  깨 딸 엘 비아헤

- 무엇 때문에 바빴습니까?
  ¿Por qué ha estado tan ocupado?
  뽀르 깨 아 에스따도 딴 오꾸빠도

Chapter 02 소개할 때의 인사

UNIT 01 처음 만났을 때의 인사

- 처음 뵙겠습니다.
  Encantado de conocerle.
  엥깐따도 데 꼬노쎄를레

- 잘 부탁합니다.
  Es un placer.
  에스 운 쁠라쎄르

- 뵙게 되어 매우 기쁩니다.
  Estoy muy contento de verle.
  에스또이 무이 꼰뗀또 데 베를레

- 알게 되어 기쁘게 생각합니다.
  Estoy muy contento de conocerle.
  에스또이 무이 꼰뗀또 데 꼬노쎄를레

- 뵙게 되어 영광입니다.
  Es un placer conocerle.
  에스 운 쁠라쎄르 꼬노쎄를레

- 처음 뵙겠습니다. 잘 부탁드립니다.
  Encantado de conocerle. Un placer.
  엥깐따도 데 꼬노쎄를레. 운 쁠라쎄르

- 저야말로 잘 부탁합니다.
  El gusto es mío. / El placer es mío.
  엘 구스또 에스 미오 / 엘 쁠라쎄르 에스 미오

늘 가까이서 뵙고 싶었습니다.
Siempre quise verlo de cerca.
씨엠쁘레 끼세 베를로 데 쎄르까

뵙기를 기대하고 있었습니다.
Estaba ansioso por verle.
에스따바 안시오소 뽀르 베를레

말씀은 그전부터 많이 들었습니다.
Me han hablado mucho sobre usted.
메 안 아블라도 무초 소브레 우스뗀

알렉스에게 말씀은 들었습니다.
Alex me habló sobre usted.
알렉스 메 아블로 소브레 우스뗀

성함만은 알고 있었습니다.
Sabía solo su nombre.
사비아 솔로 수 놈브레

어디서 만난 적이 없습니까?
¿Nos conocemos de algo?
노스 꼬노쎄모스 데 알고

UNIT 02 자신을 소개할 때

뵌 적이 없는 것 같은데요.
Creo que no nos conocemos.
끄레오 깨 노 노스 꼬노쎄모스

- 당신과는 처음인 것 같은데요.
  Creo que es la primera vez que nos vemos.
  끄레오 깨 에스 라 쁘리메라 베쓰 깨 노스 베모스

- 잠깐 제 소개를 하겠습니다.
  Déjeme presentarme.
  데헤메 쁘레센따르메

- 실례합니다. 어디서 뵌 적이 있지요.
  Disculpe. ¿Nos hemos visto antes?
  디스꿀뻬. 노스 에모스 비스또 안떼스

- 안녕하세요, 저를 기억하십니까?
  Hola. ¿Se acuerda de mí?
  올라. 세 아꾸에르다 데 미

- 죄송합니다. 다른 사람으로 착각했습니다.
  Lo siento. Le he confundido con otra persona.
  로 씨엔또. 레 에 꼰푼디도 꼰 오뜨라 뻬르소나

- 제 명함입니다. 당신 것도 받을 수 있을까요?
  Es mi tarjeta. ¿Me podría dar la suya también?
  에스 미 따르헤따. 메 뽀드리아 다르 라 수야 땀비엔

UNIT 03 상대를 소개할 때

- 하비에르 씨를 소개하겠습니다.
  Le presento a Javier.
  레 쁘레센또 아 하비에르

- 친구 후안 씨를 소개하겠습니다.
  Le presento a mi amigo Juan.
  레 쁘레센또 아 미 아미고 후안

- 만난 적이 없으면 소개해 드리지요.
  Si no le conoce, se lo presento.
  시 놀 레 꼬노쎄, 셀 로 쁘레센또

- 로드리게즈 씨, 페레즈 씨를 만나는 것은 처음이지요.
  Señor Rodríguez, ¿es la primera vez que ve a la señora Pérez, no?
  세뇨르 로드리게쓰, 에스 라 쁘리메라 베쓰 깨 베 알 라 세뇨랴 뻬레쓰, 노

- 알바레즈 씨, 이분은 하비에르 씨입니다.
  Señor Álvarez, este es Javier.
  세뇨르 알바레쓰, 에스떼 에스 하비에르

- 이쪽은 한국에서 온 친구인 김입니다. 스페인에 막 도착했습니다.
  Él es mi amigo Kim de Corea del Sur. Acaba de llegar a España.
  엘 에스 미 아미고 김 데 꼬레아 델 수르. 아까바 데 예가르 아 에스빠냐

- 마리아와 저는 초등학교부터 아는 사이입니다.
  María y yo nos conocemos desde la escuela primaria.
  마리아 이 요 노스 꼬노쎄모스 데스데 라 에스꾸엘라 쁘리마리아

UNIT 04 상대와 친해지기 위한 질문

- 어디 태생입니까?
  ¿Dónde nació?
  돈데 나씨오

✪ 이곳 생활은 어떻습니까?
¿Qué tal la vida aquí?
깨 딸 라 비다 아끼

✪ 이곳에는 자주 오십니까?
¿Viene a menudo aquí?
비에네 아 메누도 아끼

✪ 어디에 근무하십니까?
¿Dónde trabaja?
돈데 뜨라바하

✪ 어느 학교에 다닙니까?
¿A qué colegio va?
아 깨 꼴레히오 바

✪ 어느 대학을 나왔습니까?
¿De qué universidad se graduó?
데 께 우니베르시닫 세 그라두오

✪ 흥미는 무엇입니까?
¿Cuál es su afición?
꾸알 에스 수 아피씨온

✪ 가족은 몇 분입니까?
¿Cuántos son en la familia?
꾸안또스 손 엔 라 파밀리아

✪ 스페인어를 할 줄 아나요?
¿Habla español?
아블라 에스빠뇰

앞으로도 서로 연락을 취합시다.
Sigamos en contacto.
시가모스 엔 꼰딱또

어떻게 하면 연락이 됩니까?
¿Cómo contacto con usted?
꼬모 꼰딱또 꼰 우스뗃

여기는 놀러 왔습니까?
¿Ha venido de vacaciones?
아 베니도 데 바까씨오네스

여기는 일로 왔습니까?
¿Ha venido por trabajo?
아 베니도 뽀르 뜨라바호

스페인의 생활에는 이제 익숙해졌습니까?
¿Se ha adaptado a la vida en España?
세 아 아답따도 알 라 비다 엔 에스빠냐

스페인에는 언제까지 있습니까?
¿Hasta cuándo está en España?
아스따 꾸안도 에스따 엔 에스빠냐

Chapter 03 헤어질 때의 인사

UNIT 01 헤어질 때

- 안녕히 가세요.
  Adiós.
  아디오스

- 언제 가까운 시일에 또 만납시다.
  Hasta pronto.
  아스따 쁘론또

- 그럼, 내일 또 봐요.
  Nos vemos mañana.
  노스 베모스 마냐나

UNIT 02 자리에서 일어날 때

- 이제 가야겠습니다.
  Me tengo que ir.
  메 뗑고 깨 이르

- 늦었어.
  Es tarde.
  에스 따르데

- 이제 실례해야겠어.
  Discúlpame.
  디스꿀빠메

- 만나서 반가웠습니다.
  Un placer conocerle.
  운 쁠라쎄르 꼬노쎄를레

- 즐거웠습니다.
  Ha sido muy agradable.
  아 시도 무이 아그라다블레

- 저녁을 잘 먹었습니다.
  Gracias por la cena.
  그라시아스 뽀르 라 쎄나

- 초대해 줘서 고마워요. 정말 즐거웠습니다.
  Gracias por invitarme. Ha sido muy divertido.
  그라시아스 뽀르 인비따르메. 아 시도 무이 디베르띠도

- 즐거운 주말을 보내십시오.
  Que pase un buen fin de semana.
  깨 빠세 운 부엔 핀 데 세마나

- 그럼 조심해서 가세요.
  Vaya con cuidado.
  바야 꼰 꾸이다도

- 좀 더 계시다 가세요.
  Quédese un poco más.
  깨데세 운 뽀꼬 마스

- 또 오세요.
  Vuelva a visitarme.
  부엘바 아 비시따르메

UNIT 03 그밖에 작별인사와 안부를 전할 때

즐겁게 다녀와.
Que lo pases bien.
깰 로 빠세스 비엔

좋은 여행이 되기를!
¡Buen viaje!
부엔 비아헤

아버님께 안부 전해 주세요.
Saludos a su padre.
살루도스 아 수 빠드레

부모님께 안부 전해 주세요.
Saludos a sus padres.
살루도스 아 수스 빠드레스

안드레스 씨를 우연히 만났는데, 당신에게 안부 전해 달라고 하던데요.
Me encontré con Andrés de casualidad y me dijo que le saludara de su parte.
메 엥꼰뜨레 꼰 안드레스 데 까수알리닫 이 메 디호 깰 레 살루다라 데 수 빠르떼

미겔에게 안부 전해 줘.
Saluda a Miguel de mi parte.
살루다 아 미갤 데 미 빠르떼

가족 모두에게 부디 안부 전해 주십시오.
Saludos de mi parte para toda su familia.
살루도스 데 미 빠르떼 빠라 또다 수 파밀리아

잠시 만나지 못할 때

- 너를 만날 수 없게 되다니 외롭겠는데.
  Me sentiré solo sin poder verte.
  메 센띠레 솔로 신 뽀데르 베르떼

- 당신과 함께하지 못해서 유감이군.
  Qué pena que no pueda estar contigo.
  깨 뻬나 깨 노 뿌에다 에스따르 꼰띠고

- 돌아와야 해.
  Tienes que volver.
  띠에네스 깨 볼베르

- 그 사이에 전화 줘.
  Llámame.
  야마메

- 편지 줘.
  Escríbeme.
  에스끄리베메

- 다시 언제 만나자.
  Nos volvemos a ver.
  노스 볼베모스 아 베르

- 서로 연락을 취하자.
  Sigamos en contacto.
  시가모스 엔 꼰딱또

Chapter 04 고마움을 나타낼 때

UNIT 01 고마움을 말할 때

고마워요.
Gracias.
그라시아스

네, 고마워요.
Sí, gracias.
씨, 그라시아스

고맙습니다.
Gracias.
그라시아스

정말로 고맙습니다.
Muchas gracias.
무차스 그라시아스

아무튼 고마워요.
Gracias de todas maneras.
그라시아스 데 또다스 마네라스

이거 무척 고마워요.
Se lo agradezco mucho.
셀 로 아그라데쓰꼬 무초

여러모로 신세를 많이 졌습니다.
Me ha ayudado mucho.
메 아 아유다도 무초

수고를 끼쳐드렸습니다.
Le he molestado mucho.
레 에 몰레스따도 무초

UNIT 02 친절에 대해 고마움을 나타낼 때

호의에 감사드려요.
Gracias por su ayuda.
그라시아스 뽀르 수 아유다

친절히 대해 줘서 고마워요.
Gracias por ser tan amable.
그라시아스 뽀르 세르 딴 아마블레

친절하게 대해 줘서 많은 도움이 되었습니다.
Me ha ayudado mucho, ha sido muy amable.
메 아 아유다도 무초, 아 시도 무이 아마블레

몸 둘 바를 모르겠어요!
¡No sé cómo agradecerle!
노 세 꼬모 아그라데쎄를레

당신 덕택에 도움이 되었습니다.
Me ha ayudado mucho.
메 아 아유다도 무초

칭찬해 주셔서 고마워요.
Gracias por el complemento.
그라시아스 뽀르 엘 꼼쁠레멘또

UNIT 03 배려에 대해 고마움을 나타낼 때

- 마중을 나와 주셔서 정말로 고맙습니다.
  Gracias por venir a recogerme.
  그라시아스 뽀르 베니르 아 레꼬헤르메

- 그렇게 말해 줘서 고마워요.
  Gracias por decirlo.
  그라시아스 뽀르 데씨를로

- 알려 줘서 고마워.
  Gracias por informarme.
  그라시아스 뽀르 인포르마르메

- 격려해 줘서 고마워요.
  Gracias por animarme.
  그라시아스 뽀르 아니마르메

- 만나러 와 줘서 고마워.
  Gracias por venir a verme.
  그라시아스 뽀르 베니르 아 베르메

- 음악회 표, 고마웠습니다.
  Gracias por la entrada del concierto.
  그라시아스 뽀르 라 엔뜨라다 델 꼰씨에르또

- 거들어 줘서 고마워요.
  Gracias por ayudarme.
  그라시아스 뽀르 아유다르메

UNIT 04

선물을 주고받을 때

선물 무척 고마워요.
Gracias por el regalo.
그라시아스 뽀르 엘 레갈로

멋진 선물을 줘서 고마워요. 풀어도 될까요?
Gracias por el magnífico regalo. ¿Puedo abrirlo?
그라시아스 뽀르 엘 마그니피꼬 레갈로. 뿌에도 아브리를로

저에게 주시는 겁니까? 너무 고마워요.
¿Es para mí? Muchísimas gracias.
에스 빠라 미? 무치시마스 그라시아스

우와, 기뻐! 정말 고마워.
¡Qué feliz! Muchas gracias.
깨 펠리쓰! 무차스 그라시아스

뜻밖입니다. 너무 고마워요.
No me lo esperaba. Muchas gracias.
노 멜 로 에스뻬라바. 무차스 그라시아스

이런 것을 전부터 갖고 싶었습니다.
Quería esto desde hace mucho tiempo.
깨리아 에스또 데스데 아쎄 무초 띠엠뽀

고마워요. 이런 것을 하시지 않아도 되는데…….
Gracias. No tenía por qué.
그라시아스. 노 떼니아 뽀르 깨

PART 1

여행 스페인어를 위한 워밍업

Basic Spanish

기초 스페인어

스페인어 기초를 익히는 것부터가 여행의 시작

스페인이나 중남미 등 스페인어권 지역으로 여행을 하기 전에 먼저 스페인어에 대한 기본적인 사항을 알고 귀와 입을 어느 정도 여는 것이 좋다. 스페인어는 보이는 그대로 발음을 하기 때문에 발음 자체가 굉장히 어려운 것은 아니지만, 그래도 우리에게 익숙한 영어와 다른 면이 있어 헷갈릴 수 있다. 여행은 그다지 격식이 필요하지 않으므로 꼭 필요한 단어만으로도 의사소통이 되며, 몸짓, 발짓 등의 제스처로도 가능하다. 처음부터 너무 완벽한 스페인어를 꿈꾸기보다는 스페인어의 알파벳과 기본적인 사항을 어느 정도 알고 익혀 가는 것으로 시작해 보자.

1. 스페인어 알파벳

A [a 아]	
B [be 베]	
C [ce 세]	발음이 두 가지이다. ca[까], co[꼬], cu[꾸] / ce[세], ci[시]
D [de 데]	
E [e 에]	
F [efe 에페]	
G [ge 헤]	발음이 두 가지이다. ge[헤], gi[히] / ga[가], go[고], gu[구]
H [hache 아체]	묵음이므로 발음하지 않는다.
I [i 이]	
J [jota 호따]	영어와 발음이 크게 다른 알파벳이므로 별도로 기억한다. ㅎ으로 발음한다.
K [ka 까]	
L [ele 엘레]	
M [eme 에메]	
N [ene 에네]	
Ñ [eñe 에녜]	n 위에 물결 표시가 있을 때는 뒤의 모음을 이중모음으로 발음한다.

O [o 오]	
P [pe 뻬]	된소리로 발음된다.
Q [cu 꾸]	된소리로 발음된다.
R [ere 에레]	단어의 맨 앞에 rr[doble erre]가 나오면 혀를 굴려서 발음한다.
S [ese 에세]	
T [te 떼]	된소리로 발음된다.
U [u 우]	
V [uve 우베]	
W [uve doble 우베 도블레]	
X [equis 에끼스]	
Y [i griega 이 그리에가]	ll은 y와 발음을 같게 한다.
Z [zeta 세따]	ce[세], ci[시]와 발음이 같다.

2. 강세

① –모음, –n, –s로 끝나는 단어는 끝에서 두 번째 모음에 강세가 온다.
Hola 올라 examen 엑사멘 Lucas 루까스

② 그 외의 단어는 마지막 모음에 강세가 온다.
piel 삐엘

③ 강세 불규칙 단어는 강세 표시를 따로 표시해 주어야 한다.
café 까페

3. 명사와 형용사의 성

스페인어 명사에는 성이 있다. 성에 따라서 앞에 오는 관사가 달라지거나 형용사의 형태가 달라진다. 보통 남성형 명사와 형용사는 -o로, 여성형은 -a로 끝난다. 자음으로 끝나는 명사와 형용사에 -a를 붙여 주면 여성형이 된다. -e, -(ist)a로 끝나는 단어는 남성형, 여성형이 같다

	남성	여성
-o/a	camarero 웨이터 nuevo 새로운	camarera 웨이트리스 nueva 새로운
자음 + a	doctor 남자 의사 trabajador 부지런한	doctora 여자 의사 trabajadora 부지런한
-e **-(ist)a**	grande 큰 artista 예술가	

정관사는 영어의 the에 해당되며 부정관사는 영어의 a(n)에 해당된다. 명사의 성과 수에 따라 다음과 같은 관사가 붙는다.

정관사	남성	여성
단수	el 엘 el niño alto 그 키 큰 소년	la 라 la niña alta 그 키 큰 소녀
복수	los 로스 los niños altos 그 키 큰 소년들	las 라스 las niñas altas 그 키 큰 소녀들

부정관사	남성	여성
단수	un 운 un chico coreano 어떤 한국 남자	una 우나 una chica coreana 어떤 한국 여자
복수	unos 우노스 unos chicos coreanos 어떤 한국 남자들	unas 우나스 unas chicas coreanas 어떤 한국 여자들

4. 인칭대명사와 ser 동사

영어와 스페인어는 1, 2, 3인칭 단수, 복수에 해당되는 인칭대명사가 있으며 그와 연결해서 사용되는 영어의 be동사에 해당되는 것이 스페인어의 ser동사이다.

인칭	인칭대명사	ser동사
나	yo 요	soy 소이
너	tú 뚜	eres 에레스
그	él 엘	es 에스
그녀	ella 에야	
당신	usted 우스뗃	
우리	nosotros/nosotras 노소뜨로스/노소뜨라스	somos 소모스
너희	vosotros/vosotras 보소뜨로스/보소뜨라스	sois 소이스
그들	ellos 에요스	son 손
그녀들	ellas 에야스	
당신들	ustedes 우스떼데스	

□ Yo soy de Seúl. 요 소이 데 세울
나는 서울 출신입니다.

□ Tú eres alemán. 뚜 에레스 알레만
당신은 독일 사람입니다.

UNIT 01

인사의 표현

흔히 인사표현은 시간, 장소, 대상, 상황에 따라 달리 표현되는데 어떤 장소나 상황에서라도 모르는 사람을 만나면 무조건 가볍게 인사를 건네도록 합시다. 일상적인 회화에서 가장 많이 쓰이는 말이 ¡Hola!입니다. 가게의 점원이 ¿Qué tal?이라고 가볍게 말을 걸면, 이것은 '안녕하세요?' 정도의 가벼운 뉘앙스로써 ¡Hola!의 뜻입니다.

Q : 안녕하세요.
Hi!
¡Hola!
올라

A : 안녕하세요.
Hello!
¡Hola!
올라

안녕하세요.(아침/오후/저녁)
Good morning(afternoon, evening).
Buenos días. / Buenas tardes. / Buenas noches.
부에노스 디아스. / 부에나스 따르데스. / 부에나스 노체스.

잘 지내셨습니까?
How are you?
¿Qué tal?
깨 딸

잘 지냅니다. 당신은요?
Fine thank you. And you?
Bien, gracias. ¿Y usted?
비엔, 그라시아스. 이 우스뗃

처음 뵙겠습니다.
Nice to meet you.
Encantado de conocerle.
엥깐따도 데 꼬노쎄를레

저 역시 만나서 반갑습니다.
Nice to meet you, too.
Encantado de conocerle, yo también.
엥깐따도 데 꼬노쎄를레, 요 땀비엔

안녕히 계십시오(가십시오).
Goodbye.
Adiós.
아디오스

내일 또 만납시다.
See you tomorrow.
Hasta mañana.
아스따 마냐나

한국에서 다시 만납시다.
See you in Korea.
Nos vemos en Corea.
노스 베모스 엔 꼬레아

UNIT 02

감사의 표현

감사의 표현은 무조건 Gracias입니다. 감사의 기분을 강하게 전하고 싶을 경우에는 앞에 muchas나 muchísimas 등을 붙여서 뜻을 강조합니다. "대단히 감사합니다."는 Muchas gracias. / Muchísimas gracias. / Mil gracias. 등으로 표현할 수도 있습니다.

Q : 감사합니다.
Thank you.
Gracias.
그라시아스

A : 천만에요.
You're welcome.
De nada.
데 나다

고마워요.
Thanks.
Gracias.
그라시아스.

대단히 감사합니다.
Thank you very much.
Muchísimas gracias.
무치시마스 그라시아스

감사드립니다.
I appreciate it.
Se lo agradezco.
셀 로 아그라데쓰꼬

친절에 감사드립니다.
Thank you for your kindness.
Gracias por ser tan amable.
그라시아스 뽀르 세르 딴 아마블레

도와주셔서 감사드립니다.
Thank you for your help.
Gracias por su ayuda.
그라시아스 뽀르 수 아유다

여러모로 감사드립니다.
Thank you for everything.
Gracias por todo.
그라시아스 뽀르 또도

진심으로 감사드립니다.
Heartily, thank you.
Se lo agradezco de corazón.
셀 로 아그라데쓰꼬 데 꼬라쏜

신세가 많았습니다.
You were a big help.
Me ha sido de gran ayuda.
메 아 시도 데 그란 아유다

천만에요.
You're welcome.
De nada.
데 나다

UNIT 03

사과의 표현

다소 가벼운 의미의 '실례합니다'는 Perdón./ Disculpe.로 표현되며, 책임이나 진정성을 나타낼 경우에는 Lo siento.를 사용합니다. 다른 사람 앞을 지나갈 때, 재채기를 했을 때, 방문할 때에는 Perdone.로 말하며, 타인의 발을 밟았을 때, 어깨를 부딪쳤을 때 등의 경우에는 Lo siento.를 씁니다. 이에 대해 No pasa nada.(괜찮습니다.)로 대답합니다.

Q : 미안합니다.
I'm sorry.
Lo siento.
로 씨엔또

A : 괜찮습니다.
That's all right.
No pasa nada.
노 빠사 나다

정말로 죄송합니다.
I'm really sorry.
Lo siento mucho.
로 씨엔또 무초

늦어서 미안합니다.
I'm sorry I'm late.
Siento llegar tarde.
씨엔또 예가르 따르데

실례합니다(실례했습니다).
Excuse me.
Disculpe. / Perdón.
디스꿀뻬 / 뻬르돈

제가 잘못했습니다.
It's my fault.
Es mi culpa.
에스 미 꿀빠

제 잘못이 아닙니다.
That's not my fault.
Eso no es mi culpa.
에소 노 에스 미 꿀빠

용서하십시오.
Please forgive me.
Perdóneme.
뻬르도네메

폐를 끼쳐 드렸습니다.
I'm sorry to trouble you.
Siento haberle causado problemas.
씨엔또 아베를레 까우사도 쁘로블레마스

걱정하지 마십시오.
Don't worry.
No se preocupe.
노 세 쁘레오꾸뻬

신경 쓰지 마십시오.
No problem.
No pasa nada.
노 빠사 나다

UNIT 04

응답의 표현

서양인들은 다소 분명한 대답을 선호하는 경향이 있으므로 애매모호한 답변은 피하는 것이 좋습니다. 답변할 때 부가의문문이나 부정형 의문문의 응답 표현에 유의해야 합니다. 가령 ¿Le importa que fume?(담배를 피워도 되겠습니까?)에는 허락할 경우에는 No.(No me importa.), 허락하지 않을 경우에는 Sí.로 대답합니다.

Q : 커피 더 드시겠습니까?
More coffee?
¿Más café?
마스 까페

A : 예, 주십시오.
Yes, please.
Sí, por favor.
씨 뽀르 파보르

예. / 아니오.
Yes. / No.
Sí. / No.
씨 / 노

예, 그렇습니다.
Yes, it is.
Sí, así es.
씨, 아씨 에스

아니오, 그렇지 않습니다.
No, it isn't.
No, no es así.
노, 노 에스 아씨

예, 고마워요.
Yes, thank you.
Sí, gracias.
씨, 그라시아스

아니오, 괜찮습니다.
No, thank you.
No, gracias.
노, 그라시아스

맞습니다.
That's right.
Así es.
아씨 에스

알겠습니다.
I understand.
Entiendo. / Vale.
엔띠엔도 / 발레

모르겠습니다.
I don't know.
No lo sé.
놀 로 세

틀림없습니다.
That's correct.
Seguro.
세구로

UNIT 05

되물음의 표현

현지에서 말하는 스페인어는 빠르게 들리기 때문에 알고 있는 단어도 놓치는 경우가 많습니다. 그럴 때는 주저하지 말고 되묻도록 합시다. 설령 상대의 말투가 우물거려 명확하지 않더라도 노골적으로 '분명하게 말해 주세요'라고 하기보다는 '천천히 말해 주세요'라는 표현을 쓰도록 합시다. 잘 못 알아들었을 경우에는 ¿Perdón? 라는 표현을 사용하여 의사소통을 제대로 합시다.

Q : 저도 여기는 처음입니다.
I'm new here too.
Soy también nuevo/a aquí.
소이 땀비엔 누에보/바 아끼

A : 예, 뭐라고요?
Pardon me?
¿Perdón?
뻬르돈

뭐라고 하셨습니까?
What did you say?
¿Qué ha dicho?
께 아 디초

다시 한번 말씀해 주시겠습니까?
Could you say that again?
¿Puede repetirlo, por favor?
뿌에데 레뻬띠를로 뽀르 파보르

좀 더 천천히 말씀해 주십시오.
Please speak more slowly.
Por favor, hable más despacio.
뽀르 파보르, 아블레 마스 데스빠씨오

뭐라고요?
What?
¿Qué?
깨

그건 무슨 뜻입니까?
What does it mean?
¿Qué significa?
깨 시그니피까

이건 어떻게 발음합니까?
How do you pronounce it?
¿Cómo se pronuncia?
꼬모 세 쁘로눈씨아

제가 말하는 것을 알겠습니까?
Do you understand me?
¿Me entiende?
메 엔띠엔데

써 주십시오.
Write it down, please.
Escríbalo, por favor.
에스끄리발로, 뽀르 파보르

간단히 설명해 주세요.
Please explain briefly.
¿Me lo podría explicar en breve, por favor?
멜 로 뽀드리아 엑쓰쁠리까르 엔 브레베, 뽀르 파보르

UNIT 06

구체적인 질문 표현

해외에 나가면 생소한 것이 대부분이어서 궁금하기 마련입니다. 이럴 때 아주 폭넓게 쓸 수 있는 것이 qué, por qué, quién, dónde, cómo, cuál, cuánto 등의 의문사입니다.

Q : 이건 무엇입니까?
What's this?
¿Qué es esto?
깨 에스 에스또

A : 한국 인스턴트 식품입니다.
It's Korean instant foods.
Es comida coreana instantánea.
에스 꼬미다 꼬레아나 인스딴따네아

이건 무엇에 쓰는 것입니까?
What's this for?
¿Para qué es esto?
빠라 깨 에스 에스또

저 빌딩은 무엇입니까?
What's that building?
¿Qué es ese edificio?
깨 에스 에세 에디피씨오

이름이 뭡니까?
What's your name?
¿Cómo se llama?
꼬모 세 야마

그건 뭡니까?
What's that?
¿Qué es eso?
깨 에스 에소

무얼 찾고 있습니까?
What are you looking for?
¿Qué está buscando?
깨 에스따 부르깐도

무슨 일을 하십니까?
What do you do?
¿A qué se dedica?
아 깨 세 데디까

전화번호는 몇 번입니까?
What's your phone number?
¿Cuál es su número de teléfono?
꾸알 에스 수 누메로 데 뗄레포노

이것이 무엇인지 아십니까?
Do you know what this is?
¿Sabe qué es esto?
사베 깨 에스 에스또

지금 무엇을 하고 있습니까?
What are doing now?
¿Qué está haciendo?
깨 에스따 아씨엔도

UNIT 07

장소에 관한 표현

Dónde는 주로 '장소'를 물을 때 사용하지만 그밖에 방향이나 목적지, 갈 곳, 입장, 상태 등도 나타냅니다. 예를 들어, "화장실은 어디에 있습니까?"는 ¿Dónde está el baño?라고 하고, "여기가 어디입니까?"는 ¿Dónde estamos?라고 하면 됩니다.

Q : 화장실은 어디입니까?
Where's the rest room?
¿Dónde está el baño?
돈데 에스따 엘 바뇨

A : 입구 근처에 있습니다.
It's by the entrance.
Está cerca de la entrada.
에스따 쎄르까 델 라 엔뜨라다

여기는 어디입니까?
Where are we?
¿Dónde estamos?
돈데 에스따모스

어디에서 오셨습니까?
Where are you from?
¿De dónde eres?
데 돈데 에레스

면세점은 어디에 있습니까?
Where's the duty-free shop?
¿Dónde está la tienda libre de impuestos?
돈데 에스따 라 띠엔다 리브레 데 임뿌에스또스

입구는 어디입니까?
Where's the entrance?
¿Dónde está la entrada?
돈데 에스따 라 엔뜨라다

그건 어디서 살 수 있습니까?
Where can I buy it?
¿Dónde puedo comprarlo?
돈데 뿌에도 꼼쁘라를로

버스정류장은 어디입니까?
Where's the bus stop?
¿Dónde está la parada del autobús?
돈데 에스따 라 빠라다 델 아우또부스

저는 이 지도의 어디에 있습니까?
Where am I on this map?
¿Dónde estoy según el mapa?
돈데 에스또이 세군 엘 마빠

어디에서 얻을 수 있습니까?
Where can I get it?
¿Dónde puedo conseguirlo?
돈데 뿌에도 꼰세기를로

어디 출신입니까?
Where are you from?
¿De dónde eres?
데 돈데 에레스

UNIT **08**

정도의 표현

정도나 수량을 물을 때 쓰이는 것이 cuánto입니다. 얼마(가격), 어느 정도(정도, 양), 어떤(방법, 수단), 어떤 식으로(상태), 왜(이유, 원인), 언제까지(시간) 등 매우 폭넓게 쓰입니다. 아래 표현을 익혀 두면 여러 장면에서 많은 도움이 될 것입니다.

Q : 얼마입니까?
How much is it?
¿Cuánto es esto?
꾸안또 에스 에스또

A : 13유로입니다.
It's 13 euros.
Son 13 euros.
손 뜨레쎄 에우로스

입장료는 얼마입니까?
How much is it to get in?
¿Cuánto cuesta la entrada?
꾸안또 꾸에스따 라 엔뜨라다

공항까지 얼마입니까?
How much is it to the airport?
¿Cuánto es hasta el aeropuerto?
꾸안또 에스 아스따 엘 아에로뿌에르또

이 넥타이는 얼마입니까?
How much is this tie?
¿Cuánto cuesta esta corbata?
꾸안또 꾸에스따 에스따 꼬르바따

얼마입니까?
How much does it cost?
¿Cuánto cuesta? / ¿Cuánto vale?
꾸안또 꾸에스따 / 꾸안또 발레

여기서 박물관까지 얼마나 됩니까?
How far is it to the museum?
¿A cuánto está el museo de aquí?
아 꾸안또 에스따 엘 무세오 데 아끼

역까지 얼마나 걸립니까?
How long does it take to the station?
¿Cuánto se tarda hasta el museo?
꾸안또 세 따르다 아스따 엘 무세오

자리는 몇 개 비어 있습니까?
How many seats are available?
¿Cuántos asientos disponibles hay?
꾸안또스 아씨엔또스 디스뽀니블레스 아이

몇 살입니까?
How old are you?
¿Cuántos años tiene?
꾸안또스 아뇨스 띠에네

몇 분이십니까?
For how many people, please.
¿Cuántos son?
꾸안또스 손

UNIT 09

유무에 관한 표현

해외여행 중에는 무엇인가가 있는지 없는지를 물어봐야 할 때가 많습니다. tener는 '가지고 있다'라는 소유의 의미에서 '~이(가) 있다'라는 일반적인 존재에 이르기까지 넓은 의미로 쓰입니다. 백화점이나 레스토랑 등에서 자신이 갖고 싶은 것, 사고 싶은 것, 먹고 싶은 것이 있는지 없는지를 묻는 데 편리한 표현입니다. 질문 표현으로 ¿Tiene ~?의 패턴 문형을 즐겨 사용합니다.

Q : 필름은 있습니까?
Do you have any film?
¿Tiene carretes?
띠에네 까레떼스

A : 네. 여기 있습니다.
Yes. right here.
Sí, aquí tiene.
씨, 아끼 띠에네

2인석은 있습니까?
Do you have a table for two?
¿Tiene una mesa para dos?
띠에네 우나 메사 빠라 도스

오늘 밤, 빈방은 있습니까?
Do you have a room for tonight?
¿Tiene una habitación para esta noche?
띠에네 우나 아비따씨온 빠라 에스따 노체

좀 더 큰 것은 있습니까?
Do you have a larger one?
¿Tiene uno más grande?
띠에네 우노 마스 그란데

흰색 셔츠는 있습니까?
Do you have any shirt in white?
¿Tiene alguna camisa blanca?
띠에네 알구나 까미사 블랑까

관광지도는 있습니까?
Do you have a sightseeing map?
¿Tiene algún mapa turístico?
띠에네 알군 마빠 뚜리스띠고

야간관광은 있나요?
Do you have a night tour?
¿Tiene una visita nocturna?
띠에네 우나 비시따 녹뚜르나

공중전화는 있나요?
Do you have a payphone?
¿Tiene un teléfono público?
띠에네 운 뗄레포노 뿌블리꼬

단체할인은 있습니까?
Do you have a group discount?
¿Tiene un descuento para grupos?
띠에네 운 데스꾸엔또 빠라 그루뽀스

네, 여기 있습니다.
Yes. right here.
Sí, aquí tiene.
씨, 아끼 띠에네

UNIT 10

의뢰에 관한 표현

의뢰의 표현을 할 때는 poder 동사의 과거 미래인 ¿Podría ~?를 주로 사용합니다

Q : 마실 것은 무얼로 하시겠습니까?

What would you like to drink?

¿Qué quiere para beber?

깨 끼에레 빠라 베베르

A : 커피 주세요.

Coffee, please.

Café, por favor.

까페, 뽀르 파보르

계산을 부탁합니다.

Check, please.

¿Podría traerme la cuenta, por favor?

뽀드리아 뜨라에르메 라 꾸엔따, 뽀르 파보르

도와주시겠습니까?

Can you help me?

¿Podría ayudarme?

뽀드리아 아유다르메

부탁이 있는데요.
Could you do me a favor?
¿Podría hacerme un favor?
뽀드리아 아쎄르메 운 파보르

이걸 하나 주세요.
Can I have this one?
¿Me puedo llevar esto?
메 뿌에도 예바르 에스또

지금 어디에 있는지 가르쳐 주세요.
Could you show me where I am now?
¿Podría enseñarme dónde estamos ahora?
뽀드리아 엔세냐르메 돈데 에스따모스 아오라

주문 부탁합니다.
Order, please.
¿Podría tomarme la nota, por favor?
뽀드리아 또마르메 라 노따, 뽀르 파보르

맥주를 주시겠어요?
Can I have a beer?
¿Podría ponerme una cerveza?
뽀드리아 뽀네르메 우나 쎄르베싸

이걸 주세요.
I'll take it.
Quisiera esto.
끼시에라 에스또

UNIT
11 허락에 관한 표현

우리와는 습관이나 매너가 다른 나라를 여행할 때 허락을 구하거나 가능성을 묻거나 하는 경우가 많습니다. 특히 서구에서는 '금연'으로 지정된 장소가 늘고 있기 때문에 담배를 피울 때는 ¿Puedo fumar?라고 묻고 나서 피우도록 합시다. ¿Le importa si ~? / ¿Está bien que ~? / ¿Podría ~? 따위의 표현은 공손한 표현법이라고 할 수 있습니다.

Q : 사진을 찍어도 됩니까?
May I take a picture here?
¿Puedo sacar una foto aquí?
뿌에도 사까르 우나 포토 아끼

A : 예, 괜찮습니다.
Yes, you may.
Sí, puede.
씨, 뿌에데

여기에 앉아도 됩니까?
May I sit here?
¿Puedo sentarme aquí?
뿌에도 센따르메 아끼

안으로 들어가도 되겠습니까?
May I come in?
¿Puedo entrar?
뿌에도 엔뜨라르

여기서 담배를 피워도 됩니까?
May I smoke here?
¿Puedo fumar aquí?
뿌에도 푸마르 아끼

창문을 열어도 되겠습니까?
May I open the window?
¿Puedo abrir la ventana?
뿌에도 아브리르 라 벤따나

잠깐 여쭤도 될까요?
May I ask you something?
¿Puedo preguntarle algo?
뿌에도 쁘레군따를레 알고

방을 봐도 되겠습니까?
Can I see the room?
¿Puedo ver la habitación?
뿌에도 베르 라 아비따씨온

이것을 가져가도 됩니까?
Can I take this?
¿Puedo llevarme esto?
뿌에도 예바르메 에스또

카드로 지불해도 됩니까?
Can I pay in credit card?
¿Puedo pagar con tarjeta de crédito?
뿌에도 빠가르 꼰 따르헤따 데 끄레디또

담배를 피워도 괜찮겠습니까?
May I smoke?
¿Puedo fumar?
뿌에도 푸마르

UNIT 12

긴급상황 시의 표현

여행지에서 곤란한 상황에 부닥치거나 하면 우선 옆에 있는 사람에게 곤란한 상황을 전하거나 도움을 요청하도록 합시다. 그러면 해결의 실마리를 찾을 수 있을 겁니다. 여기에 적힌 회화 예문은 가장 필요한 것만을 모은 것으로, 가능하면 모두 암기해서 여행을 떠나도록 합시다.

Q : 급합니다.

I'm in a hurry.

Tengo prisa.

뗑고 쁘리사

A : 최선을 다하겠습니다.

I'll do my best.

Haré lo mejor que pueda.

아레 로 메호르 깨 뿌에다

긴급사태입니다.

I have an emergency.

Tengo una emergencia.

뗑고 우나 에메르헨시아

도와줘요(살려줘요)!

Help! / Help me!

¡Ayuda! (¡Socorro!)

아유다 (소꼬로)

그만둬!
Stop it!
¡Para!
빠라

도둑이야, 서!
Stop, thief!
¡Detente, ladrón!
데뗀떼, 라드론

저 사람, 잡아요!
Get him!
¡Atrápenlo!
아뜨라뻰로

경찰을 불러요!
Call the police!
¡Llamen a la policía!
야멘 알 라 뽈리씨아

움직이지 마!
Hold it!
¡No te muevas!
노 떼 무에바스

손들어!
Hands up!
¡Levanta las manos!
레반따 라스 마노스

여기서 나가!
Get out of here!
¡Fuera de aquí!
푸아레 데 아끼

사물·장소·방향		
이것	esto	에스또
그것	eso	에소
저것	aquello	아깨요
어느 것	algo	알고
여기	aquí	아끼
거기	ahí	아이
저기	allí	아지
어디	dónde	돈데
이쪽	aquí	아끼
그쪽	ahí	아이
저쪽	allí	아지
어느 쪽	por dónde	뽀르 돈데
위	arriba	아리바
가운데	centro	쎈뜨로
아래	abajo	아바호
오른쪽	derecha	데레차
왼쪽	izquierda	이쓰끼에르다
동쪽	este	에스떼
서쪽	oeste	오에스떼
남쪽	sur	수르
북쪽	norte	노르떼
앞	delante	델란떼
뒤	detrás	데뜨라스
옆·가로	al lado	알 라도

계 절		
봄	primavera	쁘리마베라
여름	verano	베라노
가을	otoño	오또뇨
겨울	invierno	인비에르노

때		
그제	anteayer	안떼아예르
어제	ayer	아예르
오늘	hoy	오이
내일	mañana	마냐나
모레	pasado mañana	빠사도 마냐나
매일	todos los días	또도스 로스 디아스
지난주	la semana pasada	라 세마나 빠사다
금주	esta semana	에스따 세마나
다음 주	la próxima semana	라 쁘록씨마 세마나
매주	todas las semanas	또다스 라스 세마나스
지난달	el mes pasado	엘 메스 빠사도
이번 달	este mes	에스떼 메스
다음 달	el próximo mes	엘 쁘록씨모 메스
매월	todos los meses	또도스 로스 메세스
작년	el año pasado	엘 아뇨 빠사도
금년	este año	에스떼 아뇨
내년	el próximo año	엘 쁘록씨모 아뇨
매년	todos los años	또도스 로스 아뇨스

월		
1월	enero	에네로
2월	febrero	페브레로
3월	marzo	마르쏘
4월	abril	아브릴
5월	mayo	마요
6월	junio	후니오
7월	julio	훌리오
8월	agosto	아고스또
9월	septiembre	셉띠엠브레
10월	octubre	옥뚜브레
11월	noviembre	노비엠브레
12월	diciembre	디씨엠브레

기 수		
0	cero	쎄로
1	uno	우노
2	dos	도스
3	tres	뜨레스
4	cuatro	꾸아뜨로
5	cinco	씽꼬
6	seis	세이스
7	siete	씨에떼
8	ocho	오초
9	nueve	누에베
10	diez	디에쓰
11	once	온쎄
12	doce	도쎄
13	trece	뜨레쎄
14	catorce	까또르쎄
15	quince	낀쎄
16	diceciséis	디에씨쎄이스
17	diecisiete	디에씨씨에떼
18	dieciocho	디에씨오초
19	diecinueve	디에씨누에베
20	veinte	베인떼
30	treinta	뜨레인따
40	cuarenta	꾸아렌따
50	cincuenta	씽꾸엔따
60	sesenta	세센따
70	setenta	세뗀따
80	ochenta	오첸따
90	noventa	노벤따
100	cien	씨엔
1,000	mil	밀

10,000	diez mil	디에쓰 밀
100,000	cien mil	씨엔 밀
1,000,000	un millón	운 미욘

서 수		
첫 번째	primero	쁘리메로
두 번째	segundo	세군도
세 번째	tercero	떼르쎄로
네 번째	cuarto	꾸아르또
다섯 번째	quinto	낀또
여섯 번째	sexto	쎅쓰또
일곱 번째	séptimo	쎕띠모
여덟 번째	octavo	옥따보
아홉 번째	noveno	노베노
열 번째	décimo	데씨모
열한 번째	decimoprimero / undécimo	데씨모쁘리메로/운데씨모
열두 번째	decimosegundo / duodecimo	데씨모세군도/두오데씨모
열세 번째	decimotercero	데씨모떼르쎄로
열네 번째	decimocuarto	데씨모꾸아르또
열다섯 번째	decimoquinto	데씨모낀또
스무 번째	vigésimo	비헤시모
서른 번째	trigésimo	뜨리헤시모
마흔 번째	cuadragésimo	꾸아드라헤시모
쉰 번째	quincuagésimo	낑꾸아헤시모
예순 번째	sexagésimo	섹싸헤시모
일흔 번째	septuagésimo	셉뚜아헤시모
여든 번째	octogésimo	옥또헤시모
아흔 번째	nonagésimo	노나헤시모
백 번째	centésimo	쎈떼시모

그밖의 숫자		
1/2	mitad	미땃
1/3	un tercio	운 떼르씨오
1/4	un cuarto	운 꾸아르또
두 배	doble	도블레
세 배	triple	뜨리쁠레
한 번	una vez	우나 베쓰
두 번	dos veces	도스 베쎄스
세 번	tres veces	뜨레스 베쎄스

요일		
일요일	domingo	도밍고
월요일	lunes	루네스
화요일	martes	마르떼스
수요일	miércoles	미에르꼴레스
목요일	jueves	후에베스
금요일	viernes	비에르네스
토요일	sábado	사바도

신 체

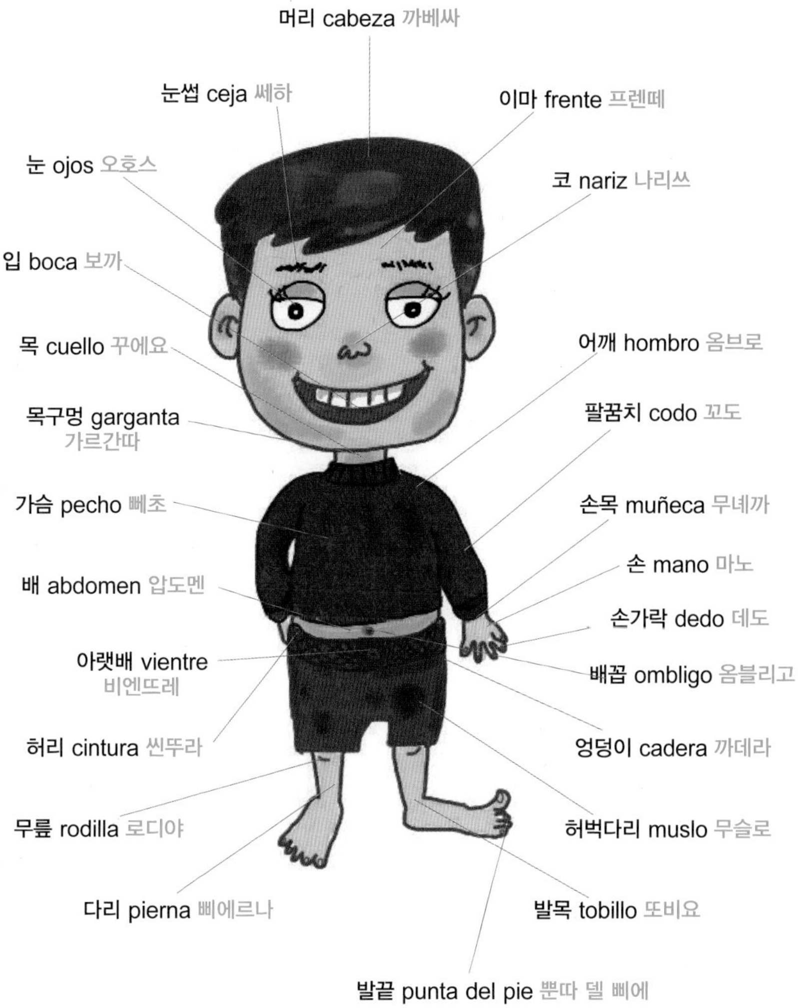

머리 cabeza 까베싸
눈썹 ceja 쎄하
이마 frente 프렌떼
눈 ojos 오호스
코 nariz 나리쓰
입 boca 보까
목 cuello 꾸에요
어깨 hombro 옴브로
목구멍 garganta 가르간따
팔꿈치 codo 꼬도
가슴 pecho 뻬초
손목 muñeca 무녜까
손 mano 마노
배 abdomen 압도멘
손가락 dedo 데도
아랫배 vientre 비엔뜨레
배꼽 ombligo 옴블리고
허리 cintura 씬뚜라
엉덩이 cadera 까데라
무릎 rodilla 로디야
허벅다리 muslo 무슬로
다리 pierna 삐에르나
발목 tobillo 또비요
발끝 punta del pie 뿐따 델 삐에

해외에서 많이 볼 수 있는 제스처

OK!

GOOD!

아뿔싸!

NO!

나가!

아무것도
없어요!

PART 2

출입국

출입국에 관한 정보

출국하기 전에

여권을 자신이 직접 갖고 있는 경우는 반드시 출발 1~3일 전에 항공사나 여행사에 예약 재확인을 하고, 여행을 하고자 하는 나라의 날씨, 주의사항, 문화 등 간단한 정보를 확인해 둔다. 환전은 시내 은행이나 공항에서도 가능하며, 환전할 때는 여권이 꼭 필요하다.

출국하는 날

보통 국제선은 출발시간 2시간 전, 국내선은 1시간 전부터 출국 수속을 시작한다. 주말에는 공항이 항상 붐비고 수속이 더뎌지게 마련이므로 미리 서둘러 공항에 가는 게 좋다.

비행기의 좌석배정은 보딩패스(비행기 티켓을 좌석권으로 바꾸는 것)할 때 정해지므로 일찍 할수록 원하는 자리에 앉을 수 있다.

공항에서

짐이 많은 사람들은 내용물이 손상되지 않게 잘 포장한 다음 보딩패스를 할 때 짐을 부치고, 반드시 TAG(짐을 부칠 때 항공사에 주는 꼬리표; 보통 항공편명, 출발지, 도착지, 시간이 적혀 있음)를 받고 가방에도 이름표를 꼭 달아놓는다. 휴대한 귀중품은 세관을 통과할 때 꼭 신고하여 입국 시 문제가 발생하지 않도록 해야 한다. 기내에는 간단한 휴대용 가방만 갖고 들어갈 수 있다.

기내에서

비행기를 처음 타거나 배정된 좌석을 찾기 힘들 땐 항상 항공사 스튜어디스에게 도움을 청하면 된다. 만약 외국 비행기에 탑승했을 경우 의사소통이 어렵더라도 좌석권을 스튜어디스에게 보여 주기만 하면 직원들이 알아듣고 서비스를 제공해 준다. 승무원을 호출할 때는 호출버튼을 이용한다.

스튜어디스가 나눠주는 해당 국가의 입국카드가 배포되면 승무원의 도움을 받아 기재하면 된다. 서울에서 출발하는 비행기는 외국의 비행기라도 한국인 스튜어디스나 한국어를 할 줄 아는 외국인 스튜어디스가 있다.

✹ 입국심사

도착하면 Arrival이라는 표시를 따라간다. 다른 승객도 가기 때문에 따라서 가면 된다. 입국심사 장소가 외국인(Alien)과 내국인으로 나뉘어 있고, 물론 외국인 쪽에 서야 한다.

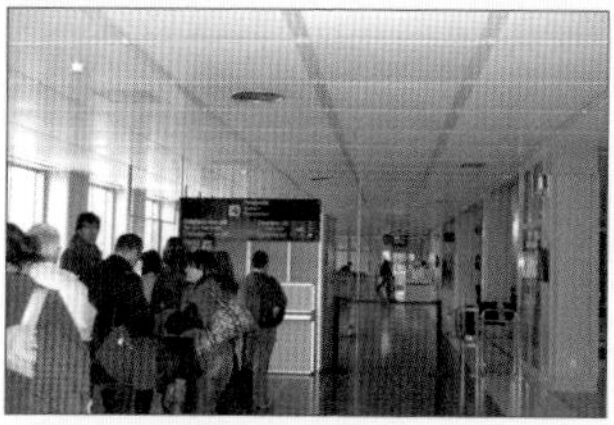

○질문은 세 가지

입국심사는 한 사람씩 심사관 앞에서 하기 때문에 긴장하는 사람도 있지만 무서워할 필요는 없다. 우선 심사관에게 '안녕하세요?' 등 밝게 인사를 하고 담당관의 안내에 따르자.

심사관은 여행자가 가지고 있는 여권과 비자, 그리고 돈은 얼마나 가지고 있는가, 그런 것을 알고 싶을 뿐이다. 그리고 세계 어느 곳을 가더라도 질문하는 것은 세 가지로 여행 목적, 체류 기간, 체류 장소이다.

✹ 세관을 통과하면서

담당자는 권총이나 마약 등 소지가 금지되어 있는 물건을 여행자가 소지하고 있는가를 조사한다. 그러므로 보통 여행자는 걱정하지 않아도 된다. 다만 비상용으로 가지고 가는 구급약(특히 분말로 된 것)은 마약은 아닐까 의심받을 수 있기 때문에 의사나 약사의 처방전을 받아두는 것이 좋다. 그밖에 한국에서 가져가는 식료품 등도 설명이 필요할지 모른다.

UNIT 01

기내에서

출국심사를 마치고 비행기에 탑승하면 이제 한국 땅을 떠나게 됩니다. 국제선의 기내는 그 항공사가 소속하는 나라의 영토 취급을 합니다. 한국 출발의 외국 항공회사(aerolínea)의 편(vuelo)에는 대개 한국인 승무원이 탑승하고 있어서 말이 통하지 않아 불편한 점은 그다지 없습니다.

______________ 을(를) 주세요.

______________, please.

______________, por favor.

뽀르 파보르

□	커피	Coffee	Café	까페
□	홍차	Tea	Té	떼
□	오렌지주스	Orange Juice	Zumo De Naranja	쑤모 데 나랑하
□	맥주	A Beer	Cerveza	쎄르베싸

Q : (항공권을 보이며) 제 좌석은 어디인가요?

Where's my seat?

¿Dónde está mi asiento?

돈데 에스따 미 아씨엔또

A : 이쪽 통로입니다.

In this aisle.

En este pasillo.

엔 에스떼 빠시요

좌석을 찾을 때

(탑승권을 보이며) 12B 좌석은 어디입니까?

Where is seat 12(twelve) B?

¿Dónde está el asiento 12(doce) B?

돈데 에스따 엘 아씨엔또 도쎄 베

여기는 제 자리인데요.

I think this is my seat.

Creo que este es mi sitio.

끄레오 깨 에스떼 에스 미 시띠오

여기에 앉아도 되겠습니까?

Can I here?

¿Puedo sentarme aquí?

뿌에도 센따르메 아끼

(옆 사람에게) 자리를 바꿔 주시겠습니까?

Could I change seats?

¿Me puede cambiar de asiento?

메 뿌에데 깜비아르 데 아시엔또

저기 빈자리로 옮겨도 되겠습니까?

Could I move to an empty seat over there?

¿Me podría cambiar al asiento vacío de allí?

메 뽀드리아 깜비아르 알 아시엔또 바씨오 데 아지

잠깐 지나가겠습니다.

May I go through?

¿Puedo pasar?

뿌에도 빠사르

기내 서비스를 받을 때

✈ 음료는 뭐가 좋겠습니까?
What would you like to drink?
¿Qué quiere para beber?
깨 끼에레 빠라 베베르

✈ 어떤 음료가 있습니까?
What kind of drinks do you have?
¿Qué bebidas tiene?
깨 베비다스 띠에네

✈ 콜라는 있습니까?
Do you have coke?
¿Tiene cocacola?
띠에네 꼬까 꼴라

✈ 맥주를 주시겠습니까?
Can I have a beer?
¿Me da una cerveza?
메 다 우나 쎄르베싸

✈ 베개와 모포를 주세요
May I have a pillow and a blanket, please?
¿Me podría dar una almohada y una manta, por favor?
메 뽀드리아 다르 우나 알모아다 이 우나 만따, 뽀르 파보르

✈ 한국어 신문[잡지]은 있습니까?
Do you have any Korean newspapers[magazines]?
¿Tiene algún periodico[alguna revista] en coreano?
띠에네 알군 뻬리오디꼬[알구나 레비스따] 엔 꼬레아노

기내식을 할 때

✈ 식사는 언제 나옵니까?

What time do you serve the meal?

¿A qué hora sirven la comida?

아 깨 오라 시르벤 라 꼬미다

✈ 소고기와 닭고기가 있는데, 어느 것으로 하시겠습니까?

Would you like beef or chicken?

¿Quiere ternera o pollo?

끼에레 떼르네라 오 뽀요

✈ 소고기로 주세요.

Beef, please.

Ternera, por favor.

떼르네라, 뽀르 파보르

✈ 식사는 필요 없습니다.

I don't feel like eating dinner.

No quiero cenar.

노 끼에로 쎄나르

✈ 식사는 다 하셨습니까?

Are you through with your meal?

¿Ha terminado con el plato?

아 떼르미나도 꼰 엘 쁠라또

✈ 잘 먹었습니다.

I enjoyed it. Thank you.

He comido bien. Gracias.

에 꼬미도 비엔. 그라시아스

입국카드 작성과 면세품 구입

이것은 입국카드입니까?
Is this the immigration form?
¿Es este el formulario de inmigración?
에스 에스떼 엘 포르물라리오 데 인미그라씨온

이 서류 작성법을 가르쳐 주시겠어요?
Could you tell me how to fill in this form?
¿Podría explicarme cómo llenar este formulario?
뽀드리아 엑쓰쁠리까르메 꼬모 예나르 에스떼 포르물라리오

기내에서 면세품을 판매합니까?
Do you sell tax-free goods on the flight?
¿Venden productos libres de impuesto en el vuelo?
벤덴 쁘로둑또스 리브레스 데 임뿌에스또 엔 엘 부엘로

어떤 담배가 있습니까?
What cigarettes do you have?
¿Qué cigarrillos tiene?
깨 씨가리요스 띠에네

(면세품 사진을 가리키며) 이것은 있습니까?
Do you have this?
¿Tiene esto?
띠에네 에스또

한국 돈은 받습니까?
Do you accept Korean won?
¿Aceptan won coreano?
아쎕딴 원 꼬레아노

몸이 불편하거나 궁금한 사항을 물을 때

✈ 비행기 멀미약은 있습니까?
Do you have medicine for air - sickness?
¿Tiene medicamento para mareos?
띠에네 메디까멘또 빠라 마레오스

✈ 좀 몸이 불편합니다. 약을 주시겠어요?
I feel a little sick. Can I have some medicine?
Me siento un poco mareado/a. ¿Podría darme medicina?
메 씨엔또 운 뽀꼬 마레아도/다. 뽀드리아 다르메 메디씨나

✈ 더운데요.
I feel hot.
Hace calor.
아쎄 깔로르

✈ 아까 부탁한 물이 아직 안 나왔습니다.
Excuse me, I didn't get the water I asked for.
Perdone, aún no me han traído el agua que pedí.
뻬르도네, 아운 노 메 안 뜨라이도 엘 아구아 깨 뻬디

✈ 헤드폰 상태가 안 좋습니다.
Something is wrong with the headset.
Algo está mal con el auricular.
알고 에스따 말 꼰 엘 아우리꿀라르

✈ 비행은 예정대로입니까?
Is this flight on schedule?
¿El vuelo está a tiempo?
엘 부엘로 에스따 아 띠엠뽀

페리(선박)를 이용할 때

✈ (승선권을 보이며) 제 선실은 어딘가요?
Where is my cabin?
¿Dónde está mi cabina?
돈데 에스따 미 까비나

✈ 바르셀로나에는 언제 도착합니까?
When can we get to Barcelona?
¿Cuándo llegamos a Barcelona?
꾸안도 예가모스 아 바르셀로나

✈ 어느 것이 제 침구입니까?
Which one is my bedclothes?
¿Cuál es mi ropa de cama?
꾸알 에스 미 로빠 데 까마

✈ 매점은 어디에 있습니까?
Where can I buy something?
¿Dónde hay un quiosco?
돈데 아이 운 끼오스꼬

✈ 식당은 있습니까?
Do you have a cafeteria?
¿Tienen una cafetería?
띠에넨 우나 까페떼리아

✈ (식당에서) 한국어 메뉴는 있습니까?
Do you have a menu in Korean?
¿Tienen un menú en coreano?
띠에넨 운 메누 엔 꼬레아노

✈ 파도는 거칩니까?
Are the waves running high?
¿Están las olas altas?
에스딴 라스 올라스 알따스

✈ 날씨는 좋습니까?
Is the climate good?
¿Hace buen tiempo?
아쎄 부엔 띠엠뽀

✈ 뱃멀미를 하는데요.
I'm seasick.
Estoy mareado/a.
에스또이 마레아도/다

✈ 아까 부탁한 물이 아직 안 나왔습니다.
Excuse me, I didn't get the water I asked for.
Perdone, aún no me han dado el agua que pedí antes.
뻬르도네, 아운 노 메 안 다도 엘 아구아 깨 뻬디 안떼스

✈ (뱃멀미로) 토할 것 같습니다.
I'm going throw up.
Voy a vomitar.
보이 아 보미따르

✈ 의무실로 데리고 가 주십시오.
Please take me to the medical room.
Por favor, llévenme al médico.
뽀르 파보르, 예벤메 알 메디꼬

✈ 화장실은 어디에 있나요?
Where is the rest room?
¿Dónde está el baño?
돈데 에스따 엘 바뇨

* 스튜어디스를 부를 때는 Perdone 뻬르도네(실례합니다)라고 합니다.

기내에서 볼 수 있는 표시			
금연	NO SMOKING	No fumar	노 푸마르
안전벨트 착용	FASTEN SEAT BELT	Abróchese el cinturón	아브로체세 엘 씬뚜론
화장실 사용 중	OCCUPIED	Ocupado	오꾸빠도
비어 있음	VACANT	Libre	리브레
호출버튼	CALL BUTTON	Botón de llamada	보똔 데 야마다
비상구	EMERGENCY	Emergencia	에메르헨씨아
쓰레기통	TOWEL DISPOSAL	Basura	바수라

입국신고서			
성명	Name	Nombre	놈브레
성	Family name	Apellido	아뻬지도
이름	Given name	Nombre	놈브레
국적	Nationalty	Nacionalidad	나씨오날리닫
생년월일	Day, Month, Year	Día, mes, año	디아, 메스, 아뇨
남, 여	Male, Female	Masculino, femenino	마스꿀리노, 페메니노
현주소	Home address	Dirección	디렉씨온
직업	Occupation	Ocupación	오꾸빠씨온
체류국의 연락처	Address in OO	Dirección en OO	디렉씨온 엔 ○○
여권번호	Passport No.	№ de pasaporte	누메로 데 빠사뽀르떼
항공기 편명·선명	Flight No. / Vessel	№ de vuelo/ embarque	누메로 데 부엘로/ 엠바르깨
탑승지	Fort of Embarkation	Lugar de embarque	루가르 데 엠바르깨
여행목적	Purpose of visit	Propósito de visita	쁘로뽀시또 데 비시따
서명	Signature	Firma	피르마
OO체류예정기간	Entered Length of stay in OO	Duración de estancia en OO	두라씨온 데 에스딴씨아 엔 ○○

UNIT 02

통과 · 환승

이용하는 비행기가 직행편이 아닌 경우 먼저 비행기에서 내려 대기실에 기다리는 경우가 있습니다(tránsito). 그 비행기를 탄 사람에게는 내리는 순간 pase de tránsito(통과권)를 나누어 줍니다. 이것은 다시 비행기를 탈 때 필요하니 잘 간직하도록 합시다.

______________ 은(는) 몇 시입니까?

When is the ______________ time?

¿A qué hora es ______________ ?

아 깨 오라 에스

□	탑승	boarding	el embarque	엘 엠바르깨
□	이륙	take-off	el despegue	엘 데스뻬개
□	도착	arrival	la llegada	라 예가다
□	출발	departure	la salida	라 살리다

Q : 손님의 최종 목적지는 어디입니까?

What's your final destination?

¿Cuál es su destino final?

꾸알 에스 수 데스띠노 피날

A : 마드리드입니다.

It's Madrid.

Es Madrid.

에스 마드

이 공항에서 어느 정도 머뭅니까?

How long will we stop here?

¿Cuánto tiempo nos paramos aquí?

꾸안또 띠엠뽀 노스 빠라모스 아끼

환승 카운터는 어디입니까?

Where's the transfer counter?

¿Dónde está el mostrador de conexiones?

돈데 에스따 엘 모스뜨라도르 데 꼬넥씨오네스

탑승수속은 어디서 하면 됩니까?

Where do I check in?

¿Dónde se factura?

돈데 세 팍뚜라

환승까지 시간은 어느 정도 있습니까?

How long is the layover?

¿Cuánto tiempo hay para hacer escala?

꾸안또 띠엠뽀 아이 빠라 아쎄르 에스깔라

탑승은 몇 시부터입니까?

When do we board?

¿A qué hora es el embarque?

아 깨 오라 에스 엘 엠빠르깨

대합실에 면세점은 있나요?

Are there any duty-free shops in the waiting room?

¿Hay alguna tienda libre de impuesto en la sala de espera?

아이 알구나 띠엔다 리브레 데 임뿌에스또스 엔 라 살라 데 에스뻬라

UNIT 03

입국심사

목적지 공항에 도착해서 먼저 Llegada 등의 표시를 따라 Inmigración 또는 Control de pasaporte를 향해서 가면 입국심사 카운터에 도착합니다. 기내에서 작성한 입국카드와 여권을 심사관에게 보입니다. 질문과 응답은 대부분 정해져 있으므로 성실하게 대답하면 됩니다.

약 ______________ 입니다.
For ______________ .
Para ______________ .
빠라

□ 1주일	one week	una semana	우나 세마나
□ 10일	ten days	diez días	디에쓰 디아스
□ 15일	fifteen days	quince días	낀쎄 디아스
□ 1개월	one month	un mes	운 메스

Q : 여권을 보여 주시겠어요?
May I see your passport?
¿Me enseña el pasaporte?
메 엔세냐 엘 빠사뽀르떼

A : 여기 있습니다.
Here it is.
Aquí tiene.
아끼 띠에네

방문 목적을 물을 때

✈ 여권을 보여 주십시오.
Your passport, please.
Su pasaporte, por favor.
수 빠사뽀르떼, 뽀르 파보르

✈ 입국 목적은 무엇입니까?
What's the purpose of your visit?
¿Cuál es su motivo de visita?
꾸알 에스 수 모띠보 데 비시따

✈ 관광입니다.
Sightseeing.
Turismo.
뚜리스모

✈ 사업입니다.
Business.
Negocio.
네고씨오

체류 장소와 일정을 물을 때

✈ 얼마나 체류하십니까?
How long are you staying?
¿Cuánto tiempo permanecerá?
꾸안또 띠엠뽀 뻬르마네쎄라

✈ 1주일 체류합니다.
I'm staying for a week.
Estaré durante una semana.
에스따레 두란떼 우나 세마나

어디에 머무십니까?
Where are you staying?
¿Dónde se aloja?
돈데 세 알로하

○○호텔에 머뭅니다.
I'll stay at the OO Hotel.
Me alojaré en el hotel ○○
메 알로하레 엔 엘 오뗄 ○○

(메모를 보이며) 숙박처는 이 호텔입니다.
I'll stay at this Hotel.
Me quedaré en este hotel.
메 깨다레 엔 에스떼 오뗄

(호텔은) 아직 정하지 않았습니다.
I don't know which one.
No sé en cuál.
노 세 엔 꾸알

(호텔은) 단체여행이라서 모릅니다.
I'm not sure, because I'm a member of group tour.
No lo sé, porque vengo en grupo.
놀 로 세, 뽀르깨 벵고 엔 그루뽀

기타 질문 사항

돌아가는 항공권은 가지고 계십니까?
Do you have a return ticket?
¿Tiene billete de vuelta?
띠에네 비예떼 데 부엘따

✈ 네, 가지고 있습니다.
Yes, it's right here.
Sí, aquí está.
씨, 아끼 에스따

✈ 현금은 얼마나 가지고 있습니까?
How much cash do you have with you?
¿Cuánto efectivo tiene con usted?
꾸안또 에펙띠보 띠에네 꼰 우스뗃

✈ 150유로 정도입니다.
I have about Euros 150.
Tengo unos 150 euros.
뗑고 우노스 씨엔또 씽꾸엔따 에우로스

✈ 스페인은 처음입니까?
Is Spain your first visit(here)?
¿Es su primera vez en España?
에스 수 쁘리메라 베쓰 엔 에스빠냐

✈ 네, 처음입니다.
Yes, it is.
Sí, así es.
씨, 아씨 에스

✈ 됐습니다.
Good. Have a nice stay.
Está bien. Que tenga un buen día.
에스따 비엔. 깨 뗑가 운 부엔 디아

UNIT 04

세관검사

입국심사가 끝나면 RECOGIDA DE EQUIPAJE의 표시를 따라서 갑니다. 타고 온 항공사와 편명이 표시된 턴테이블로 나오므로 그 주위에서 기다렸다 찾으면 됩니다. 짐을 찾으면 ADUANA의 표시를 따라 세관으로 가서 여권과 세관신고서를 담당에게 보여 주고 통과를 기다리면 됩니다.

이것은 ______________ 입니다.

This is ______________ .

Esto es ______________ .

에스또 에스

□	선물	gift	un regalo	운 레갈로
□	일용품	for my personal use	para uso personal	빠라 우소 뻬르소날
□	라면	ramyon	ramyon	라묜
□	약	medicine	medicina	메디씨나

Q : 신고할 것이 있습니까?

Do you have anything to declare?

¿Tiene algo que declarar?

띠에네 알고 깨 데끌라라르

A : 없습니다.

No, I don't.

No, no tengo.

노, 노 뗑고

짐을 찾을 때

✈ **짐은 어디서 찾습니까?**

Where can I get my baggage?

¿Dónde puedo recoger mi equipaje?

돈데 뿌에도 레꼬헤르 미 에끼빠헤

✈ **이건 714편 턴테이블입니까?**

Is this baggage conveyer for flight 714?

¿Es este el transportador de equipajes para el vuelo 714?

에스 에스떼 엘 뜨란스뽀르따도르 데 에끼빠헤스 빠라 엘 부엘로 씨에떼 우노 꾸아뜨로

✈ **714편 짐은 나왔습니까?**

Has the baggage from flight 714 arrived?

¿Ha llegado el equipaje del vuelo 714?

아 예가도 엘 에끼빠헤 델 부엘로 씨에떼 우노 꾸아뜨로

✈ **제 짐이 보이지 않습니다.**

I can't find my baggage.

No encuentro mi equipaje.

노 엥꾸엔뜨로 미 에끼빠헤

✈ **이게 수화물인환증입니다.**

Here is my claim tag.

Esta es mi etiqueta de equipaje.

에스따 에스 미 에띠께따 데 에끼빠헤

✈ **당장 보상해 주세요.**

Will you pay for me for a few days?

Quiero una recompensa ahora.

끼에로 우나 레꼼뻰사 아오라

세관검사를 받을 때

✈ **여권과 신고서를 보여 주십시오.**

Your passport and declaration card, please.

Su pasaporte y tarjeta de declaración, por favor.

수 빠사뽀르떼 이 따르헤따 데 데끌라라씨온, 뽀르 파보르

✈ **세관신고서는 가지고 계십니까?**

Do you have your customs declaration form?

¿Tiene su formulario de declaración de aduana?

띠에네 수 포르물라리오 데 데끌라라씨온 데 아두아나

✈ **신고서는 가지고 있지 않습니다.**

I don't have a declaration card.

No tengo una tarjeta de declaración.

노 뗑고 우나 따르헤따 데 데끌라라씨온

✈ **신고할 것은 있습니까?**

Do you have anything to declare?

¿Tiene algo que declarar?

띠에네 알고 깨 데끌라라르

✈ **일용품뿐입니다.**

I only have personal belongings.

Solo tengo artículos personales.

솔로 뗑고 아르띠꿀로스 뻬르소날레스

✈ **이 가방을 열어 주십시오.**

Please open this bag.

Por favor, abra este bolso.

뽀르 파보르, 아브라 에스떼 볼소

✈ **내용물은 무엇입니까?**

What's in it?

¿Qué hay dentro?

깨 아이 덴뜨로

✈ **이건 뭡니까?**

What's this?

¿Qué es esto?

깨 에스 에스또

✈ **친구에게 줄 선물입니다.**

Gifts for my friends.

Son regalos para amigos.

손 레갈로스 빠라 아미고스

✈ **다른 짐은 있나요?**

Do you have any other baggage?

¿Tiene más equipaje?

띠에네 마스 에끼빠헤

✈ **이건 과세 대상이 됩니다.**

You have to pay duty on it.

Tiene que pagar impuesto por ello.

띠에네 깨 빠가르 임뿌에스또 뽀르 에요

✈ **과세액은 얼마입니까?**

How much is the duty?

¿Cuánto es el impuesto?

꾸안또 에스 엘 임뿌에스또

UNIT **05**

공항에서

?, i, Información de turismo 등으로 표시된 공항 로비의 안내소에는 무료 지도, 관광 가이드나 호텔 가이드 등의 팸플릿이 준비되어 있습니다. 시내의 교통수단, 호텔이 위치한 장소나 택시 요금 등 필요한 정보를 모으도록 합시다. 대형 공항에는 호텔 예약, 렌터카 등의 별도의 부스가 있기도 합니다.

______________ 은(는) 어디에 있습니까?

Where is the ______________ ?

¿Dónde esta ______________ ?

돈데 에스따

□	안내소	Information	el punto de información	엘 뿐또 데 인포르마씨온
□	환전	exchange	el mostrador de cambio	엘 모스뜨라도르 데 깜비오
□	화장실	rest room	el aseo	엘 아세오
□	택시승강장	taxi stand	la parada de taxi	라 빠라다 데 딱씨

Q : 어디에서 환전을 합니까?

Where can I exchange money?

¿Dónde puedo cambiar la moneda?

돈데 뿌에도 깜비아르 라 모네다

A : '환전'이라고 써진 곳으로 가십시오.

Go to "Currency Exchange."

Vaya a "Cambio de moneda."

바야 아 깜비오 데 모네다

환전을 할 때

✈ **이걸 환전해 주시겠어요?**

Could you exchange this?

¿Me puede cambiar esto?

메 뿌에데 깜비아르 에스또

✈ **여행자수표를 현금으로 바꿔 주세요.**

Please cash these traveler's checks.

Por favor, ¿me cambia en efectivo estos cheques de viajero?

뽀르 파보르, 메 깜비아 엔 에펙띠보 에스또스 체깨스 데 비아헤로

✈ **잔돈도 섞어 주세요.**

I'd like some small change.

¿Me da también monedas sueltas, por favor?

메 다 땀비엔 모네다스 수엘따스, 뽀르 파보르

✈ **계산이 틀린 것 같은데요.**

I think the amount is incorrect.

Creo que está mal calculado.

끄레오 깨 에스따 말 깔꿀라도

✈ **수수료는 얼마입니까?**

How much is your commission?

¿Cuánto es la comisión?

꾸안또 에스 라 꼬미시온

✈ **계산서를 주시겠어요?**

May I have a receipt?

¿Me da el recibo?

메 다 엘 레씨보

관광안내소에서

✈ 관광안내소는 어디에 있습니까?

Where is the tourist information center?

¿Dónde está el punto de información?

돈데 에스따 엘 뿐또 데 인포르마씨온

✈ 시내 지도와 관광 팸플릿을 주시겠어요?

Can I have a city map and tourist brochure?

Me puede dar un mapa de la ciudad y un folleto turístico?

메 뿌에데 다르 운 마빠 델 라 씨우닫 이 운 포예또 뚜리쓰띠꼬

✈ 매표소는 어디에 있습니까?

Where is the ticket office?

¿Dónde está la taquilla?

돈데 에스따 라 따끼야

✈ 출구는 어디입니까?

Where is the exit?

¿Dónde está la salida?

돈데 에스따 라 살리다

✈ 호텔 리스트는 있습니까?

Do you have a hotel list?

¿Tiene una lista de hoteles?

띠에네 우나 리스따 데 오뗄레스

✈ 여기서 렌터카를 예약할 수 있습니까?

Can I reserve rental car here?

¿Puedo reservar aquí un coche de alquilar?

뿌에도 레세르바르 아끼 운 꼬체 데 알낄라르

호텔을 찾을 때

여기서 호텔을 예약할 수 있습니까?

Can I reserve a hotel here?

¿Puedo reservar aquí un hotel?

뿌에도 레세르바르 아끼 운 오뗄

시내 호텔을 예약해 주시겠어요?

Could you reserve a hotel in the city?

¿Podría reservar un hotel en el centro?

뽀드리아 레세르바르 운 오뗄 엔 엘 쎈뜨로

어떤 호텔을 찾으십니까?

What kind of hotel are you looking for?

¿Qué tipo de hotel está buscando?

깨 띠뽀 데 오뗄 에스따 부스깐도

번화가에 가까운 호텔을 부탁합니다.

One near downtown.

Uno cerca del centro.

우노 쎄르까 델 쎈뜨로

역에서 가까운 호텔을 부탁합니다.

I'd like a hotel close to the station.

Me gustaría un hotel cerca de la estación.

메 구스따리아 운 오뗄 쎄르까 델 라 에스따씨온

그 호텔은 어디에 있습니까?

Where's the hotel?

¿Dónde está el hotel?

돈데 에스따 엘 오뗄

UNIT 06

시내로 이동

공항의 포터에게 지불하는 것은 팁이 아니라 포터 요금으로 정해진 규정 요금입니다. 괜찮다면 다소 팁을 주는 것도 좋겠습니다.
시내와 공항을 직접 연결하는 전용 버스 이외에 지하철, 버스, 택시 등의 교통수단이 있습니다.

[________________ 까지 부탁합니다.
________________ , please.
________________ , por favor.
뽀르 파보르]

□	○○호텔	OOHotel	Al Hotel OO	알 오뗄 ○○
□	시내	Downtown	Al Centro	알 쎈뜨로
□	○○역	OOStation	A La Estación OO	알 라 에스따씨온 ○○
□	○○박물관	OOMuseum	Al Museo OO	알 무세오 ○○

Q : 어디서 택시를 탑니까?
Where can I get a taxi?
¿Dónde puedo coger un taxi?
돈데 뿌에도 꼬헤르 운 딱씨

A : 바로 앞쪽에 택시 승강장이 있습니다.
There's a taxi stand up ahead.
Hay una parada de taxi justo en frente.
아이 우나 빠라다 데 딱씨 후스또 엔 프렌떼

포터

포터를 찾고 있습니다.

I'm looking for a porter.

Busco a un botones.

부스꼬 아 운 보또네스

포터를 불러 주세요.

Please get me a porter.

Por favor, llámeme a un botones.

뽀르 파보르, 야메메 아 운 보또네스

이 짐을 택시승강장까지 옮겨 주세요.

Please take this baggage to the taxi stand.

Por favor, lleve este equipaje a la parada de taxi.

뽀르 파보르, 예베 에스떼 에끼빠헤 알 라 빠라다 데 딱씨

이 짐을 버스정류소까지 옮겨 주세요.

Please take this baggage to the bus stop.

Por favor, lleve este equipaje a la parada de autobús.

뽀르 파보르, 예베 에스떼 에끼빠헤 알 라 빠라다 네 아우또부스

카트는 어디에 있습니까?

Where are the baggage carts?

¿Dónde hay un carro de equipajes?

돈데 아이 운 까로 데 에끼빠헤스

짐을 호텔로 보내 주세요.

Please deliver the baggage to my hotel.

Por favor, envíe el equipaje a mi hotel.

뽀르 파보르, 엔비에 엘 에끼빠헤 아 미 오뗄

택시

✈ 택시 승강장은 어디입니까?
Where is the taxi stand?
¿Dónde hay una parada de taxi?
돈데 아이 우나 빠라다 데 딱씨

✈ 어디서 택시를 탑니까?
Where can I get a taxi?
¿Dónde puedo coger un taxi?
돈데 뿌에도 꼬헤르 운 딱씨

✈ 어디까지 가십니까?
Where are you going?
¿Hasta dónde va?
아스따 돈데 바

✈ ○○호텔로 가 주세요.
To OOHotel, please.
Al hotel OO
알 오뗄 ○○

✈ (주소를 보이며) 이리 가 주세요.
Take me to this address, please.
Lléveme a esta dirección, por favor.
예베메 아 에스따 디렉씨온, 뽀르 파보르

✈ 짐을 트렁크에 넣어 주세요.
Please put my baggage in the trunk.
Por favor, ponga mi equipaje en el maletero.
뽀르 파보르, 뽕가 미 에끼빠헤 엔 엘 말레떼로

버스

✈ **시내로 가는 버스는 있습니까?**
Is there a bus going downtown?
¿Hay algún autobús que vaya al centro?
아이 알군 아우또부스 깨 바야 알 쎈뜨로

✈ **매표소는 어디입니까?**
Where is the ticket office?
¿Dónde hay una taquilla?
돈데 아이 우나 따끼야

✈ **시간은 어느 정도 걸립니까?**
How long does it take to get there?
¿Cuánto se tarda?
꾸안또 세 따르다

✈ **도착하면 알려 주시겠어요?**
Could you tell me when we get there?
¿Podría avisarme cuando lleguemos?
뽀드리아 아비사르메 꾸안도 예개모스

✈ **시내로 가는 가장 빠른 교통수단은 무엇입니까?**
What's the fastest way to downtown?
¿Cuál es el transporte más rápido hasta el centro?
꾸알 에스 엘 뜨란스뽀르떼 마스 라삐도 아스따 엘 쎈뜨로

✈ **시내로 가는 가장 싼 교통수단은 무엇입니까?**
What's the cheapest way to downtown?
¿Cuál es el transporte más económico para ir al centro?
꾸알 에스 엘 뜨란스뽀르떼 마스 에꼬노미꼬 빠라 이르 알 쎈뜨로

공항에서 볼 수 있는 표지판			
출발입구	DEPARTURE GATE	PUERTA DE SALIDA	뿌에르따 데 살리다
도착입구	ARRIVAL GATE	PUERTA DE LLEGADA	뿌에르따 데 예가다
탑승입구	BOARDING GATE	PUERTA DE EMBARQUE	뿌에르따 데 엠바르깨
탑승수속 중	NOW BOARDING	EMBARCANDO	엠바르깐도
정각에	ON TIME	A TIEMPO	아 띠엠뽀
지연	DELAYED	RETRASO	레뜨라소
환승 비행기	CONNECTING FLIGHT	VUELO DE CONEXIÓN	부엘로 데 꼬넥씨온
공석 대기	STAND BY	EN ESPERA DE ASIENTO VACANTE	엔 에스뻬라 데 아시엔또 바깐떼
환전소	EXCHANGE/ MONEY EXCHANGE	MOSTRADOR DE CAMBIOS/ CAMBIO DE MONEDA	모스뜨라도르 데 깜비오스/ 깜비오 데 모네다
국내선	DOMESTIC	VUELOS DOMÉSTICOS	부엘로스 도메스띠꼬스

PART 3

숙박

T r a v e l   I n f o r m a t i o n

숙박에 관한 정보

호텔 예약

시즌 중 유명관광지가 아니면 방을 구하는 것은 그리 어렵지 않다. 현지에 빨리 도착해서 호텔을 찾으면 OK.
그러나 시즌 중에는 출발하기 전에 예약해 두는 것이 좋다. 체크인도 그리 늦지 않게 하는 것이 좋다. 시즌 중에는 해약을 생각해서 여분으로 예약을 받아 두는 경우가 있다. 즉 이중 예약이다. 그래서 연락도 없이 체크인을 늦게 하면 예약을 취소당해 낭패를 보는 경우가 있다.

호텔에서

비싼 물건이 들어 있는 가방은 직접 휴대하여 방이 배정될 때까지 로비에서 기다린다. 귀중품 도난 방지를 위해 안전금고를 이용하며, 호텔에서 또는 시내에서 한국으로 전화하는 요령을 알아 둔다.

호텔방에서

각종 전자제품 및 욕실용품 등의 작동요령을 알아 둔다(특히, 전기 전압 등). 호텔의 욕실들은 일반 가정처럼 바닥에 하수구멍이 없어서 욕조 안에서 샤워를 한다. 이럴 경우는 바닥에 물이 흐르지 않도록 커튼을 이용한다. 대부분의 호텔방문은 자동으로 잠기므로 잠깐 동행인의 옆방에 들르더라도 반드시 방 키를 소지해야 한다. 참고로 호텔방 베란다 문도 자동으로 잠기는 경우가 많으니 베란다에 갇혀 밤새 시멘트 바닥에서 고생하는 일이 없도록 주의하자.

✹ 팁(tip)

다른 여행지와 달리 팁이 필수는 아니다. 만일 팁을 지불할 생각이 있다면 개인적으로 주문하거나 또는 시설을 이용할 때 발생되는 비용의 10~15% 정도를 팁으로 추가 지불하는 것이 상례이다. 또, 현지 안내원이나 운전사의 성실도에 따라서 일정액의 팁을 줌으로써 더 적극적인 서비스를 기대할 수 있다.

✹ 외출할 때

외출할 때는 인솔자나 현지 안내원에게 행선지와 연락처를 남기고 행동하며, 호텔의 이름과 주소가 적혀 있는 호텔카드나 호텔 성냥갑, 또는 명함을 소지해야 호텔로 돌아올 때 어려움을 겪지 않는다.

나중에 택시를 타더라도 호텔카드 따위를 운전사에게 보여주면 언어소통 문제없이 호텔로 돌아올 수 있다.

✹ 호텔에서의 매너

호텔 복도는 바깥 거리와 똑같이 생각해야 한다. 파자마 차림으로 돌아다니는 것은 창피한 일이다. 밤늦게 술에 취해 큰소리로 노래를 부르며 다니는 것도 삼가야 한다. 서구에서는 종업원과 손님, 그리고 손님들 간에도 만나면 기분 좋게 인사를 나누어도 실례가 되지 않는다.

✹ 호텔에서의 안전대책

외출했다가 돌아왔을 때 프런트에서 이름과 방 번호를 큰 소리로 외쳐서는 안 된다. 어디서 누가 듣고 있는지 모른다. 타인에게 이름이나 방 번호를 기억시키는 것은 그다지 좋은 일은 아니다. 그리고 문을 누가 두드렸을 때 확인 없이 문을 열어 주어서는 안 된다. 들여다보는 구멍으로 확인하고 방문걸이 줄을 풀지 않은 상태로 연다. 이것이 해외에서 호텔 방문을 올바르게 여는 방법이다.

UNIT 01

호텔 예약

호텔을 현지에서 찾을 때는 공항이나 시내의 관광안내소(Punto de información)에서 물어보도록 합시다. 예약을 해주는 곳도 있기는 하지만, 우선 가능하면 한국에서 출발하기 전에 예약을 해두는 것이 좋습니다. 예약할 때는 요금, 입지, 치안 등을 고려해서 정하도록 합시다.

________________ (으)로 부탁합니다.

I'd like a ________________ .

Quisiera una ________________ .

끼시에라 우나

□ 싱글 룸	single room	habitación individual	아비따씨온 인디비두알
□ 트윈 룸	twin room	habitación con dos camas	아비따씨온 꼰 도스 까마스
□ 더블 룸	double room	habitación doble	아비따씨온 도블레
□ 욕실이 있는 방	room with a bath	habitación con un baño	아비따씨온 꼰 운 바뇨

Q : 오늘 밤, 빈방 있습니까?

Do you have a room for tonight?

¿Tiene una habitación para esta noche?

띠에네 우나 아비따씨온 빠라 에스따 노체

A : 몇 분이십니까?

For how many of you?

¿Para cuántas personas?

빠라 꾸안따스 뻬르소나스

안내소에서

여기서 호텔 예약할 수 있습니까?
Can I make a reservation here?
¿Puedo hacer una reserva de hotel aquí?
뿌에도 아쎄르 우나 레세르바 데 오뗄 아끼

어떤 방이 좋겠습니까?
What type of room would you like?
¿Qué tipo de habitación desea?
깨 띠뽀 데 아비따씨온 데세아

역까지 데리러 옵니까?
Could you pick me up at the station?
¿Vienen a recogerme a la estación?
비에넨 아 레꼬헤르메 알 라 에스따씨온

공항까지 데리러 옵니까?
Could you pick me up at the airport?
¿Podría recogerme en el aeropuerto?
뽀드리아 레꼬헤르메 엔 엘 아에로뿌에르또

그 호텔은 어디에 있습니까?
Where is the hotel located?
¿Dónde está el hotel?
돈데 에스따 엘 오뗄

다른 호텔을 소개해 주십시오.
Could you tell me where another hotel is?
¿Podría recomendarme otro hotel?
뽀드리아 레꼬멘다르메 오뜨로 오뗄

전화로 예약할 때

✈ 오늘 밤, 빈방 있습니까?

Do you have any vacancies tonight?

¿Tiene alguna habitación libre esta noche?

띠에네 알구나 아비따씨온 리브레 에스따 노체

✈ 숙박요금은 얼마입니까?

How much is the room charge?

¿Cuánto cuesta la habitación?

꾸안또 꾸에스따 라 아비따씨온

✈ 1박에 얼마입니까?

How much for one night?

¿Cuánto cuesta la noche?

꾸안또 꾸에스따 라 노체

✈ 요금에 조식은 포함되어 있나요?

Does the room charge include breakfast?

¿Está el desayuno incluido?

에스따 엘 데사유노 잉끌루이도

✈ 봉사료와 세금은 포함되어 있습니까?

Does it include service charge and tax?

¿Incluye el cargo por servicio y el impuesto?

잉끌루예 엘 까르고 뽀르 세르비씨오 이 엘 임뿌에스또

✈ 예약을 하고 싶은데요

I'd like to make a reservation.

Me gustaría hacer una reserva.

메 구스따리아 아쎄르 우나 레세르바

✈ 몇 박을 하실 겁니까?

How long would you like to stay?

¿Cuántos días desea quedarse?

꾸안또스 디아스 데세아 깨다르세

✈ 오늘 밤부터 2박 할 겁니다.

I'll stay two nights.

Dos noches.

도스 노체스

✈ 더블 룸으로 부탁합니다.

A double room, please.

Una habitación doble, por favor.

우나 아비따씨온 도블레, 뽀르 파보르

✈ 욕실이 있는 방으로 부탁합니다.

I'd like a room with a bath.

Quisiera una habitación con un baño.

끼시에라 우나 아비따씨온 꼰 운 바뇨

✈ 선불인가요?

Do you need a deposit?

¿Necesita un depósito?

네쎄씨다 운 데뽀시또

✈ 홍길동입니다. 스펠링은 HONG KILDONG입니다.

My name is Kil-dong Hong. The spelling is HONG KILDONG.

Soy Hong, Kil-dong. Se deletrea HONG KILDONG.

소이 홍길동. 세 델레뜨레아 아체, 오, 에네, 헤, 까, 이, 엘레, 데, 오, 에네, 헤

호텔 직원		
❶ 회계(cashier) – 요금 정산, 환전, 금고 관리	cajero	까헤로
❷ 레지스트레이션(registration) – 체크인, 체크아웃	registración	레히스뜨라씨온
❸ 접수(reception) – 룸키, 메시지	recepción	레셉씨온
❹ 안내(information) – 극장, 식당 등의 안내 및 예약, 관광 상담, 편지나 메시지 취급	información	인포르마씨온
❺ 포터(porter) – 차에서 프런트까지 짐 운반	botones	보또네스
❻ 도어맨(doorman) – 현관에서 숙박객의 송영	portero	뽀르떼로
❼ 벨캡틴(bell captain) – 벨보이 책임자	jefe botones	헤페 보또네스
❽ 벨보이(bellboy) – 로비와 객실간의 짐 운반 등	botones	보또네스
❾ 보이(valet) – 룸서비스 운반	guardacoches	구아르다꼬체스
❿ 룸 메이드(room maid)	limpieza de habitación	림삐에싸 데 아비따씨온

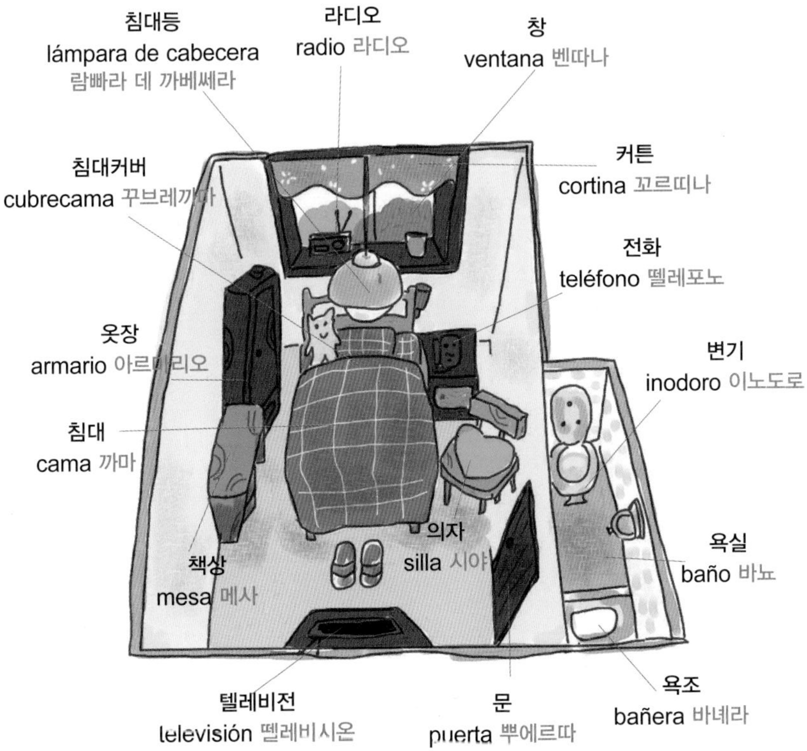

조명
luz 루쓰

편지봉투
sobre 소브레

편지지
papel de cartas 빠뻴 데 까르따스

문의 손잡이에 거는 카드

DO NOT DISTURB(방해하지 마세요)
NO MOLESTAR
노 몰레스따르

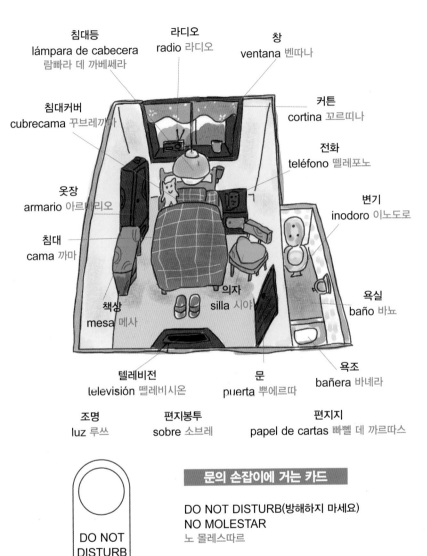

PLEASE MAKE UP(방을 청소해 주세요)
POR FAVOR, HAGA LA HABITACIÓN
뽀르 파보르, 아가 라 아비따씨온

UNIT **02**

호텔 체크인

호텔의 체크인 시각은 보통 오후 2시부터입니다. 호텔 도착 시간이 오후 6시를 넘을 때는 예약이 취소되는 경우도 있으므로 늦을 경우에는 호텔에 도착시간을 전화로 알려두는 것이 좋습니다. 방의 형태, 설비, 요금, 체류 예정 등을 체크인할 때 확인하도록 합시다.

________________ 으로 부탁합니다.

I'd like a ________________.

Quisiera ________________.

끼시에라

□	조용한 방	peaceful room	una habitación tranquila	우나 아비따씨온 뜨랑낄라
□	더 좋은 방	better room	una habitación mejor	우나 아비따씨온 메호르
□	전망이 좋은 방	room with a nice view	una habitación con buena vista	우나 아비따씨온 꼰 부에나 비스따

Q : 안녕하세요. 어서 오십시오.

Hi. May I help you?

Hola. ¿Le puedo ayudar?

올라. 레 뿌에도 아유다르

A : 체크인 해 주세요.

I'd like to check in, please.

Quisiera hacer check-in, por favor.

끼시에라 아쎄르 채낀, 뽀르 파보르

프런트에서 체크인할 때

✈ 예약은 하셨습니까?
Did you have a reservation?
¿Ha reservado?
아 레세르바도

✈ 예약했습니다.
I have a reservation.
Tengo una reserva.
뗑고 우나 레세르바

✈ 확인서는 여기 있습니다.
Here is my confirmation slip.
Aquí tiene mi recibo de confirmación.
아끼 띠에네 미 레씨보 데 꼰피르마씨온

✈ 예약은 한국에서 했습니다.
I made one from Korea.
Hice la reserva en Corea.
이쎄 라 레세르바 엔 꼬레아

✈ 아직 예약을 하지 않았습니다.
I haven't made a reservation.
No hice una reserva.
노 이쎄 우나 레세르바

✈ 오늘 밤 빈방은 있습니까?
Can I get a room for tonight?
¿Hay habitaciones para esta noche?
아이 아비따씨오네스 빠라 에스따 노체

✈ 성함을 말씀하십시오.

May I have your name?

¿Me podría decir su nombre?

메 뽀드리아 데씨르 수 놈브레

✈ 숙박 쿠폰을 가지고 있습니다.

I have a travel agency coupon.

Tengo un cupón de la agencia de viajes.

뗑고 운 꾸뽄 델 라 아헨씨아 데 비아헤스

✈ 조용한 방으로 부탁합니다.

I'd like a quiet room.

Quisiera una habitación tranquila.

끼시에라 우나 아비따씨온 뜨랑낄라

✈ 전망이 좋은 방으로 부탁합니다.

I'd like a room with a nice view.

Quisiera una habitación con buena vista.

끼시에라 우나 아비따씨온 꼰 부에나 비스따

✈ 방을 보여 주세요.

May I see the room?

¿Podría ver la habitación?

뽀드리아 베를 라 아비따씨온

✈ 좀 더 좋은 방은 없습니까?

Do you have anything better?

¿Tiene una habitación mejor?

띠에네 우나 아비따씨온 메호르

✈ 좀 더 큰 방으로 바꿔 주세요.

Could you give me a larger room?

¿Podría darme una habitación más grande?

뽀드리아 다르메 우나 아비따씨온 마스 그란데

이 방으로 하겠습니다.
I'll take this room.
Me quedaré con esta habitación.
메 깨다레 꼰 에스따 아비따씨온

숙박카드에 기입해 주십시오.
Please fill out the registration card.
Por favor, rellene la tarjeta de registro.
뽀르 파보르, 레예네 라 따르헤따 데 레히스뜨로

이게 방 열쇠입니다.
Here is your room key.
Aquí tiene su llave de habitación.
아끼 띠에네 수 야베 데 아비따씨온

귀중품을 보관해 주시겠어요?
Can you keep my valuables?
¿Podría guardar mis objetos de valor?
뽀드리아 구아르다르 미스 옵헤또스 데 발로르

벨보이가 방으로 안내하겠습니다.
The bellboy will show you your room.
El botones le mostrará su habitación.
엘 보또네스 레 모스뜨라라 수 아비따씨온

짐을 방까지 옮겨 주겠어요?
Could you bring my baggage?
¿Podría traerme mi equipaje?
뽀드리아 뜨라에르메 미 에끼빠헤

여기가 손님 방입니다.
This is your room.
Esta es su habitación.
에스따 에스 수 아비따씨온

숙박카드

	HILL HOTEL GUEST REGISTRATION		
성명	Full name Last	First	Middle
자택주소 전화번호	Home Address:		Tel :
여권번호 국적, 나이	Passport No:	Nationality:	Age:
차번호	License Plate Number:		
자동차 메이커 자동차 모델명 연식	Make:	Model:	Year:
서명	Signature:		
호텔 측 기입사항	Method of Payment: □Cash □Credit Card □Other	$ ________ ________	Arrival Date: Departure Date: Room No:
	All of at the Hill Hotel are grateful for your patronage.		

체크인 트러블

✈ 다시 한번 확인해 주시겠어요?

Would you check again?

¿Podría confirmarlo otra vez?

뽀드리아 꼰피르마를로 오뜨라 베쓰

✈ (늦을 경우) 8시에 도착할 것 같습니다.

I'll arrive at your hotel at eight.

Llegaré al hotel a las ocho.

예가레 알 오뗄 알 라스 오초

✈ 예약을 취소하지 마세요.

Don't cancel my reservation.

No cancele su reserva.

노 깐쎌레 수 레세르바

✈ (예약되어 있지 않을 때) 다시 한번 제 예약을 확인해 주십시오.

Check my reservation again, please.

Confirme mi reserva otra vez, por favor.

꼰피르메 미 레세르바 오뜨라 베쓰, 뽀르 파보르

✈ 방을 취소하지 않았습니다.

I didn't cancel the room.

No cancelé la habitación.

노 깐쎌레 라 아비따씨온

✈ 다른 호텔을 찾아주시겠습니까?

Would you refer me to another hotel?

¿Me podría buscar otro hotel?

메 뽀드리아 부스까르 오뜨로 오뗄

UNIT 03

룸서비스

방에 도착하면 짐을 가져다준 보이에게 팁을 줍니다. 방의 설비에 대해서 모르는 점이 있으면 그때 물어보도록 합시다. 요즘 호텔은 자동으로 모닝콜을 하는 곳이 많습니다. 조작을 모를 때는 프런트에 연락을 하고, 서구의 호텔방에는 슬리퍼가 없으므로 준비해 가도록 합시다.

________________ 가져오세요.

I'd like ________________.

Quisiera ________________.

끼시에라

□ 커피 두 잔	two coffees	dos cafés	도스 까페스
□ 신문	newspaper	un periódico	운 뻬리오디꼬
□ 병따개	a bottle opener	un abrebotellas	운 아브레보떼야스
□ 아침식사	breakfast	desayuno	데사유노

Q : 누구세요?

Who is it?

¿Quién es?

끼엔 에스

A : 룸서비스입니다.

Room service.

Servicio de habitación

세르비씨오 데 아비따씨온

룸서비스를 부탁할 때

룸서비스를 부탁합니다.

Room service, please.

Servicio de habitación, por favor.

세르비씨오 데 아비따씨온, 뽀르 파보르

내일 아침 8시에 아침을 먹고 싶은데요.

Breakfast at 8 a.m. tomorrow morning, please.

Quisiera el desayuno de mañana a las 8 de la mañana, por favor.

끼시에라 엘 데사유노 데 마냐나 알 라스 오초 델 라 마냐나, 뽀르 파보르

도와주시겠어요?

Can you give me a hand?

¿Me puede ayudar?

메 뿌에데 아유다르

어느 정도 시간이 걸립니까?

How long will it take?

¿Cuánto tardará?

꾸안또 따르다라

세탁 서비스는 있습니까?

Do you have valet service?

¿Tiene servicio de lavandería?

띠에네 세르비씨오 데 라반데리아

따뜻한 마실 물이 필요한데요.

I'd like a pot of boiled water.

Necesito agua caliente.

네쎄씨또 아구아 깔리엔떼

✈ 모닝콜을 부탁합니다.

I'd like a wake-up call, please.

¿Me podría hacer una llamada para despertarme, por favor?

메 뽀드리아 아쎄르 우나 야마다 빠라 데스뻬르따르메, 뽀르 파보르

✈ 몇 시에 말입니까?

What time?

¿A qué hora?

아 깨 오라

✈ 7시에 부탁합니다.

7 o'clock tomorrow morning.

Mañana, a las 7 de la mañana.

마냐나, 알 라스 씨에떼 델 라 마냐나

✈ 방 번호를 말씀해 주시겠습니까?

Your room number, please.

¿Su número de habitación, por favor?

수 누메로 데 아비따씨온, 뽀르 파보르

✈ 여기는 1234호실입니다.

This is Room 1234.

Es la habitación 1234.

에스 라 아비따씨온 우노 도스 뜨레스 꾸아뜨로

✈ 한국으로 전화를 하고 싶은데요.

I'd like to make a phone call to Korea.

Quisiera hacer una llamada a Corea del Sur.

끼시에라 아쎄르 우나 야마다 아 꼬레아 델 수르

✈ 마사지를 부탁합니다.

I'd like a massage, please.

Quisiera un masaje, por favor.

끼시에라 운 마사헤, 뽀르 파보르

✈ 식당 예약 좀 해 주시겠어요?

Would you make a reservation for a restaurant for me?

¿Me podría reservar un restaurante por favor?

메 뽀드리아 레세르바르 운 레스따우란떼 뽀르 파보르

룸서비스가 들어올 때

✈ (노크하면) 누구십니까?

Who is it?

¿Quién es?

끼엔 에스

✈ 잠시 기다리세요.

Just a moment, please.

Un momento, por favor.

운 모멘또, 뽀르 파보르

✈ 들어오세요.

Please, come in.

Entre, por favor.

엔뜨레, 뽀르 파보르

✈ 이건 팁입니다.

Here's your tip.

Aquí tiene la propina.

아끼 띠에네 라 쁘로삐나

UNIT 04

호텔시설 이용하기

호텔 내의 시설이나 설비, 서비스 내용은 체크인할 때 확인해두도록 합시다. 예약이나 트러블, 문의 사항은 대부분 프린트 데스크에 부탁하면 해결을 해주지만, 클리닝, 룸서비스 등의 내선번호는 방에 준비되어 있는 안내서에 적혀 있습니다.

호텔 안에 ______________ 은(는) 있습니까?

Do you have ______________ in the hotel?

¿Hay ______________ en el hotel?

아이 엔 엘 오뗄

□ 식당	a dining room	un restaurante	운 레스따우란떼
□ 미용실	a hair salon	una peluquería	우나 뻴루깨리아
□ 이발소	a barbershop	una barbería	우나 바르베리아
□ 디스코	a disco	una discoteca	우나 디스꼬떼까

Q : 호텔에는 어떤 시설이 있습니까?

What kind of facilities are there in the hotel?

¿Qué tipo de instalaciones hay en el hotel?

깨 띠뽀 데 인스딸라씨오네스 아이 엔 엘 오뗄

A : 거의 모두 다 있습니다.

Everything you could possibly want.

Casi todo lo que pueda buscar.

까시 또도 로 깨 뿌에다 부스까르

시설물을 물을 때

✈ 자판기는 있습니까?

Is there a vending machine?

¿Hay una máquina expendedora?

아이 우나 마끼나 엑스뻰데도라

✈ 식당은 어디에 있습니까?

Where is the dining room?

¿Dónde está el restaurante?

돈데 에스따 엘 레스따우란떼

✈ 식당은 몇 시까지 합니까?

How late is the dining room?

¿Hasta qué hora abre el restaurante?

아스따 깨 오라 아브레 엘 레스따우란떼

✈ 이 호텔에 테니스코트는 있습니까?

Is there a tennis court at this hotel?

¿Hay una pista de tenis en el hotel?

아이 우나 삐스따 데 떼니스 엔 엘 오뗄

✈ 커피숍은 어디에 있습니까?

Where's the coffee shop?

¿Dónde hay una cafetería?

돈데 아이 우나 까페떼리아

✈ 바는 언제까지 합니까?

How late is the bar room open?

¿Hasta cuándo abre el bar?

아스따 꾸안도 아브레 엘 바르

✈ 이메일을 체크하고 싶은데요.
I want to check my e-mail.
Quisiera mirar mi correo electrónico.
끼시에라 미라르 미 꼬레오 엘렉뜨로니꼬

✈ 팩스[복사기]는 있습니까?
Do you have a fax machine[photocopier]?
¿Tiene un fax[una fotocopiadora]?
띠에네 운 팍쓰(우나 포또꼬삐아도라)

✈ 여기서 관광버스 표를 살 수 있습니까?
Can I get a ticket for the sightseeing bus here?
¿Se puede comprar aquí un billete de autobús turístico?
세 뿌에데 꼼쁘라르 아끼 운 비예떼 데 아우또부스 뚜리스띠꼬

✈ 이발소는 있습니까?
Is there a barbershop?
¿Hay una barbería?
아이 우나 바르베리아

✈ 계산은 방으로 해 주세요.
Will you charge it to my room?
¿Me lo podría cargar a la habitación?
맬 로 뽀드리아 까르가르 알 라 아비따씨온

세탁

세탁 서비스는 있나요?

Do you have laundry service?

¿Tiene servicio de lavandería?

띠에네 세르비씨오 데 라반데리아

세탁을 부탁합니다.

I'd like to drop off some laundry.

Quisiera dejar ropa en la lavandería.

끼시에라 데하르 로빠 엔 라 라반데리아

언제 됩니까?

When will it be ready?

¿Cuándo estará preparado?

꾸안도 에스따라 쁘라빠라도

빨리 해 주시겠어요?

Could you do it as soon as possible, please?

¿Me lo podría hacer lo antes posible, por favor?

멜 로 뽀드리아 아쎄르 로 안떼스 뽀시블레, 뽀르 파보르

이 얼룩을 빼 주겠어요?

Can you get this stain out?

¿Puede quitarme esta mancha?

뿌에데 끼따르메 에스따 만차

이 와이셔츠를 다려 주세요.

I'd like these shirt pressed.

Quisiera esta camisa planchada.

끼시에라 에스따 까미사 쁠란차다

✈ 미용실은 있습니까?
Is there a beauty salon?
¿Hay un salón de belleza?
아이 운 살론 데 베예싸

✈ 오늘 오후에 예약할 수 있습니까?
Can I make an appointment for the afternoon?
¿Podría hacer una reserva para esta tarde?
뽀드리아 아쎄르 우나 레세르바 빠라 에스따 따르데

✈ (헤어스타일을) 어떻게 할까요?
How would you like your hair?
¿Cómo lo quiere?
꼬모 로 끼에레

✈ 샴푸와 세트를 부탁합니다.
Shampoo and set, please.
Champú y el conjunto, por favor.
참뿌 이 엘 꼰훈또, 뽀르 파보르

✈ 커트와 샴푸만 해 주세요.
Haircut and shampoo, please.
Cortar y champú, por favor.
꼬르따르 이 참뿌, 뽀르 파보르

✈ 가볍게 파마를 해 주세요.
A soft permanent, please.
Un permanente ligero, por favor.
운 뻬르마넨떼 리헤로, 뽀르 파보르

이발소에서

✈ **커트와 면도를 부탁합니다.**

Haircut and shave, please.

Corte de pelo y afeitado, por favor.

꼬르떼 데 뻴로 이 아페이따도, 뽀르 파보르

✈ **조금만 깎아 주세요.**

Just trim it, please.

Solo las puntas, por favor.

솔로 라스 뿐따스, 뽀르 파보르

✈ **짧게 깎아 주세요.**

Cut it short, please.

Corto, por favor.

꼬르또, 뽀르 파보르

✈ **너무 짧게 하지 마세요.**

Please don’t cut it too short.

No demasiado corto, por favor.

노 데마시아도 꼬르또, 뽀르 파보르

✈ **뒤를 조금 잘라 주세요.**

A little more off the back.

Un poco más por detrás.

운 뽀꼬 마스 뽀르 데뜨라스

✈ **옆을 조금 잘라 주세요.**

A little more off the sides.

Un poco más los lados.

운 뽀꼬 마스 로스 라도스

UNIT 05

호텔에서의 전화·우편

요새는 해외여행 시 휴대폰을 로밍하는 경우가 많아 호텔전화를 이용할 일이 그리 많지는 않습니다. 국제전화는 호텔에서 다이얼로 직접 거는 방법 이외에 오퍼레이터를 통한 번호지정통화, 지명통화, 컬렉트콜 등을 이용할 수 있습니다. 국제자동전화를 이용할 때는 스페인의 국제자동전화 식별번호→우리나라의 국가번호(82)→국가내의 지역번호(숫자 0은 생략)→가입자의 번호 순으로 겁니다.

______ (으)로 부탁합니다.
By ______ , please.
Por ______ , por favor.
뽀르 , 뽀르 파보르

□	번호통화	station-to-station call	llamada de estación a estación	야마다 데 에스따씨온 아 에스따씨온
□	지명통화	person-to-person call	llamada de persona a persona	야마다 데 뻬르소나 아 뻬르소나
□	컬렉트콜	collect call	llamada a cobro revertido	야마다 아 꼬브로 레베르띠도

Q : 한국으로 전화를 하고 싶은데요.
I'd like to make a phone call to Korea.
Quisiera hacer una llamada a Corea del Sur.
끼시에라 아쎄르 우나 야마다 아 꼬레아 델 수르

A : 몇 번입니까?
What's his/her/your number?
¿Cuál es su número?
꾸알 에스 수 누메로

전화를 이용할 때

(교환수) **누구를 불러 드릴까요?**
To whom are you calling?
¿A quién llama?
아 끼엔 야마

(교환수) **당신의 이름과 호실을 말씀하십시오.**
Your name and room number, please.
Su nombre y número de habitación, por favor.
수 놈브레 이 누메로 데 아비따씨온, 뽀르 파보르

(교환수) **그대로 기다리십시오.**
Hold on, please.
Espere, por favor.
에스뻬레, 뽀르 파보르

(교환수) **전화를 끊고 기다려 주십시오.**
Please hang up and wait.
Por favor, cuelgue y espere.
뽀르 파보르, 꾸엘개 이 에스뻬레

(교환수) **자, 말씀하십시오.**
Go ahead, please.
Adelante, por favor.
아델란떼, 뽀르 파보르

(교환수) **통화 중입니다.**
The line is busy.
La línea está ocupada.
라 리네아 에스따 오꾸빠다

(교환수) 응답이 없습니다.

There's no answer.

No contesta.

노 꼰떼스따

외선으로 전화하려면 어떻게 하나요?

How do I make an outside call?

¿Cómo hago una llamada externa?

꼬모 아고 우나 야마다 엑쓰떼르나

방에서 한국으로 전화할 수 있나요?

Can I make a call to Korea from my room?

¿Puedo hacer una llamada a Corea del Sur desde mi habitación?

뿌에도 아쎄르 우나 야마다 아 꼬레아 델 수르 데스데 미 아비따씨온

한국으로 팩스를 보내고 싶은데요.

I'd like to send a fax to Korea.

Quisiera enviar un fax a Corea del Sur.

끼시에라 엔비아르 운 팍쓰 아 꼬레아 델 수르

전화요금은 얼마입니까?

How much was the charge?

¿Cuánto es el coste de la llamada?

꾸안또 에스 엘 꼬스떼 델 라 야마다

편지를 보낼 때

✈ 이 근처에 우체국은 없습니까?
Is there a post office near here?
¿Aquí hay una oficina de correos cerca?
아끼 아이 우나 오피씨나 데 꼬레오스 쎄르까

✈ 우표는 어디서 살 수 있나요?
Where can I buy stamps?
¿Dónde puedo comprar sellos?
돈데 뿌에도 꼼쁘라르 세요스

✈ 우표 자동판매기는 어디에 있습니까?
Where's a stamp vending machine?
¿Dónde hay una máquina expendedora de sellos?
돈데 아이 우나 마끼나 엑스뻰데도라 데 세요스

✈ 한국까지 항공편으로 보내 주세요.
By airmail to Korea, please.
Por correo aéreo a Corea del Sur, por favor.
뽀르 꼬레오 아에레오 아 꼬레아 델 수르, 뽀르 파보르

✈ 이 소포를 한국으로 보내고 싶은데요.
I'd like to send this parcel to Korea.
Quisiera enviar este paquete a Corea del Sur.
끼시에라 엔비아르 에스떼 빠깨떼 아 꼬레아 델 수르

✈ 이 편지를 부쳐 주세요.
Please send this letter.
Por favor envíe esta carta.
뽀르 파보르 엔비에 에스따 까르따

UNIT 06

호텔에서의 트러블

호텔 방이 100% 안전하다고 과신해서는 안 됩니다. 비품이 제대로 갖추어져 있지 않거나 불의의 사고로 다치거나, 도둑이 종업원을 가장해 방에 들어와 물건을 훔치는 경우도 적지 않습니다. 문제가 발생했을 때는 그냥 넘어가지 말고 반드시 프런트 데스크에 연락을 취해 해결하도록 합시다.

________________ (이)가 고장 났습니다.

The ________________ doesn't work.

________________ no funciona.

노 푼씨오나

□	열쇠	lock	La Cerradura	라 쎄라두라
□	에어컨	air-conditioner	El Aire Acondicionado	엘 아이레 아꼰디씨오나도
□	수도꼭지	faucet	El Grifo	엘 그리포
□	히터	heater	El Calentador	엘 깔렌따도르

Q : 잠깐 와 주시겠어요?

Could you send someone up to my room?

¿Podría enviar a alguien a mi habitación?

뽀드리아 엔비아르 아 알기엔 아 미 아비따씨온

A : 네, 무슨 일이십니까?

Sure, what's the problem?

Claro, ¿cuál es el problema?

끌라로, 꾸알 에스 엘 쁘로블레마

방에 들어갈 수 없을 때

마스터키를 부탁합니다.
The master key, please.
La llave maestra, por favor.
라 야베 마에스뜨라, 뽀르 파보르

열쇠가 잠겨 방에 들어갈 수 없습니다.
I locked myself out.
Me he quedado fuera.
메 에 깨다도 푸에라

열쇠를 방에 두고 나왔습니다.
I left the key in my room.
Me he dejado la llave en mi habitación.
메 에 데하도 라 야베 엔 미 아비따씨온

카드키는 어떻게 사용합니까?
How do I use the card key?
¿Cómo utilizo la llave de tarjeta?
꼬모 우띨리쏘 라 야베 데 따르헤따

방 번호를 잊어버렸습니다.
I forgot my room number.
He olvidado el número de mi habitación.
에 올비다도 엘 누메로 데 미 아비따씨온

복도에 이상한 사람이 있습니다.
There is a strange person in the corridor.
Hay un extraño en el pasillo.
아이 운 엑쓰뜨라뇨 엔 엘 빠시요

방을 바꿔달라고 할 때

✈ 옆방이 무척 시끄럽습니다.
The next room is very noisy.
La habitación de al lado es muy ruidosa.
라 아비따씨온 데 알 라도 에스 무이 루이도사

✈ (시끄러워서) 잠을 잘 수 없습니다.
I can't sleep.
No puedo dormir.
노 뿌에도 도르미르

✈ 방을 바꿔 주세요.
Could you give me a different room?
¿Podría darme otra habitación?
뽀드리아 다르메 오뜨라 아비따씨온

수리를 원할 때

✈ 화장실 물이 잘 흐르지 않습니다.
This toilet doesn't flush well.
El agua del inodoro no baja bien.
엘 아구아 델 이노도로 노 바하 비엔

✈ 뜨거운 물이 나오지 않는데요.
There's no hot water.
No sale agua caliente.
노 살레 아구아 깔리엔떼

✈ 물이 샙니다.
The water is leaking.
El agua está goteando.
엘 아구아 에스따 고떼안도

수도꼭지가 고장 났습니다.

The faucet is broken.

El grifo está estropeado.

엘 그리포 에스따 에스뜨로뻬아도

물이 뜨겁지 않습니다.

The water isn't hot enough.

No sale agua caliente.

노 살레 아구아 깔리엔떼

빨리 고쳐 주세요.

Could you fix it now?

¿Podría arreglarlo ahora?

뽀드리아 아레글라를로 아오라

청소가 안 됐거나 비품이 없을 때

방 청소가 아직 안 되었습니다.

My room hasn't been cleaned yet.

Mi habitación aún no está hecha.

미 아비따씨온 아운 노 에스따 에차

미니바가 비어 있습니다.

The mini-bar is empty.

El minibar está vacío.

엘 미니바르 에스따 바씨오

타월을 바꿔 주세요.

Can I get a new towel?

¿Me podría cambiar la toalla?

메 뽀드리아 깜비아르 라 또아야

UNIT **07**

체크아웃

아침 일찍 호텔을 떠날 때는 가능하면 전날 밤 짐을 꾸려 다음 날 아침 짐을 가지러 오도록 미리 벨캡틴에게 부탁해 두면 좋습니다. 택시를 부르거나 공항 버스 시각을 알아 두고 체크아웃 예약도 전날 밤 해 두면 편하게 출발할 수 있습니다. 방을 나갈 때는 잊은 물건이 없는지 확인하도록 합시다.

이 ______________ 은(는) 무엇입니까?

What is this ______________ ?

¿Qué es esta ______________ ?

깨 에스 에스따

□	요금	charge for	tarifa	따리파
□	숫자	figure	cifra	씨프라
□	추가요금	additional charge for	tarifa adicional	따리파 아디씨오날

Q : 체크아웃을 부탁합니다.

I'd like to check out now.

Quisiera hacer check-out.

끼시에라 아쎄르 체까웃

A : 몇 호실입니까?

What's your room number?

¿Cuál es el número de su habitación?

꾸알 에스 엘 누메로 데 수 아비따씨온

체크아웃을 준비할 때

체크아웃은 몇 시입니까?

When is check out time?

¿Cuándo es la hora de check-out?

꾸안도 에스 라 오라 데 체까웃

몇 시에 떠날 겁니까?

What time are you leaving?

¿A qué hora se marcha?

아 깨 오라 세 마르차

하룻밤 더 묵고 싶은데요.

I'd like to stay one more night.

Quisiera quedarme una noche más.

끼시에라 깨다르메 우나 노체 마스

하루 일찍 떠나고 싶은데요.

I'd like to leave one day earlier.

Quisiera marcharme un día antes.

끼시에라 마르차르메 운 디아 안떼스

오후까지 방을 쓸 수 있나요?

May I use the room till this afternoon?

¿Puedo utilizar la habitación hasta la tarde?

뿌에도 우띨리싸르 라 아비따씨온 아스따 라 따르데

오전 10시에 택시를 불러 주세요.

Please call a taxi for me at 10 a.m.

Por favor, llámeme un taxi para las 10 a.m. (de la mañana).

뽀르 파보르, 야메메 운 딱씨 빠라 라스 디에쓰 델 라 마냐나

체크아웃

(전화로) 체크아웃을 하고 싶은데요.

Check out, please.

Para hacer check-out, por favor.

빠라 아쎄르 체까웃, 뽀르 파보르

1234호실 홍길동입니다.

My name is Kil-dong Hong, Room 1234.

Mi nombre es Kil-dong Hong, habitación 1234.

미 놈브레 에스 길동 홍, 아비따씨온 우노 도스 뜨레스 꾸아뜨로

포터를 보내 주세요.

A porter, please.

Un botones, por favor.

운 보또네스, 뽀르 파보르

맡긴 귀중품을 꺼내 주세요.

I'd like my valuables from the safe.

Quisiera mis objetos de valor guardados.

끼시에라 미스 옵헤또스 데 발로르 구아르다도스

출발할 때까지 짐을 맡아 주시겠어요?

Could you keep my baggage until my departure time?

¿Podría guardarme el equipaje hasta mi hora de salida?

뽀드리아 구아르다르메 엘 에끼빠헤 아스따 미 오라 데 살리다

방에 물건을 두고 나왔습니다.

I left something in my room.

Me dejé algo en la habitación.

메 데헤 알고 엔 라 아비따씨온

계산을 할 때

계산을 부탁합니다.
My bill, please.
La cuenta, por favor.
라 꾸엔따, 뽀르 파보르

신용카드도 됩니까?
Do you accept a credit card?
¿Acepta una tarjeta de crédito?
아쎕따 우나 따르헤따 데 끄레디또

여행자수표도 됩니까?
Do you accept a traveler's check?
¿Acepta cheque de viajeros?
아쎕따 체깨 데 비아헤로스

전부 포함된 겁니까?
Is everything included?
¿Está todo incluido?
에스따 또도 잉끌루이도

계산이 틀린 것 같은데요.
I think there is a mistake on this bill.
Creo que hay un error en la cuenta.
끄레오 깨 아이 운 에로르 엔 라 꾸엔따

고맙습니다. 즐겁게 보냈습니다.
Thank you. I enjoyed my stay.
Gracias, disfruté de mi estancia.
그라시아스, 디스프루떼 데 미 에스딴씨아

호텔에서 볼 수 있는 게시판			
입구	ENTRANCE	ENTRADA	엔뜨라다
출구	EXIT/WAY OUT	SALIDA	살리다
휴대품 보관소	CLOAKROOM	GUARDARROPA	구아르다로빠
별관	ANNEX	ANEXO	아넥쏘
남자 화장실	GENTLEMAN/ MEN	HOMBRE	옴브레
여자 화장실	LADIES/WOMEN	MUJER	무헤르
현금 출납원	CASHIER	CAJERO	까헤로
접수처	REGISTRATION/ FRONT DESK	RECEPCIÓN	레쎕씨온
비상구	EMERGENCY EXIT FIRE EXIT	SALIDA DE EMERGENCIA	살리다 데 에메르헨씨아
관계자 외 출입금지	EMPLOYEES ONLY	SOLO EMPLEADOS	솔로 엠쁠레아도스
면회사절	DO NOT DISTURB	NO MOLESTAR	노 몰레스따르
식당	DINING ROOM	RESTAURANTE	레스따우란떼
커피숍	COFFEE SHOP	CAFETERÍA	까페떼리아
관광호텔	TOURIST HOTEL	HOTEL TURÍSTICO	오뗄 뚜리스띠꼬
메이드	MAID	SERVICIO DE LIMPIEZA	림삐에싸
지배인	MANAGER	ENCARGADO	엥까르가도
로비	LOBBY	VESTÍBULO	베스띠불로

PART 4

식 사

Unit 01 식당 찾기 · 예약하기
Unit 02 식사 주문
Unit 03 식사를 하면서
Unit 04 술집에서
Unit 05 식당에서의 트러블
Unit 06 패스트푸드점에서
Unit 07 식비 · 술값 계산

스페인의 대표 음식

○ 하몽

돼지 뒷다리의 넓적다리 부분을 소금에 절여 건조시킨 스페인식 돼지고기 생햄이다. 하몽은 소금에 절여 건조했기 때문에 시간이 지나도 맛이 변하지 않는다. 하몽 자체를 얇게 잘라서 따로 먹기도 하고 샌드위치 등과 같이 먹기도 한다. 얇게 자르기 때문에 자른 후에 바로 먹는 것이 좋다. 흰돼지로 만든 하몽 세라노와 흑돼지로 만든 하몽 이베리코로 나뉘는데, 하몽 이베리코가 숙성 기간도 길고 더 높은 등급으로 인정받는다.

○ 타파스

일종의 간식이나 에피타이저를 통칭하는 말이다. 스페인 사람들이 식사 전이나 후에 먹는 간식을 바로 타파스라고 한다. 타파(tapa)는 덮개, 뚜껑이라는 의미로, 유리잔에 음료수나 술을 채운 후 날벌레나 먼지가 들어가지 않게 빵 등의 덮개를 한 조각 올려놓던 것에서 타파스가 유래했다는 이야기가 있다. 현재는 작은 접시에 치즈, 소시지, 샐러드, 절인 생선, 미트볼, 튀김 등 다양한 재료로 만들어 한 입에 먹을 수 있게 만든 음식을 통칭한다.

○ 파에야

발렌시아 지방의 대표적인 요리로, 우리나라의 볶음밥과 유사하게 쌀과 고기, 해산물, 채소 등으로 만든 것이다. 사프란이라는 향신료가 첨가되어 노란색을 띠는 것이 특징이다. 파에야는 발렌시아어로 얕고 둥글고 양쪽에 손잡이가 달린 형태의 프라이팬을 가리킨다. 실제로 파에야는 밑이 넓고 얕은 프라이팬에서 조리된다. 발렌시아식 파에야에는 토끼고기가 사용되는 것이 특징이다.

○ 가스파초

스페인 남부 안달루시아 지방에서 유래된 음식으로, 일종의 차가운 수프이다. 토마토 퓌레와 피망, 양파, 오이, 빵가루, 올리브오일, 식초 등을 함께 넣어서 갈아서 만든다. 시원한 음식이라 더운 남부지방에서 특히 인기가 많다. 보통은 미리 갈아서 하루 정도 냉장시켰다가 먹는데, 바로 먹으려면 만들자마자 얼음을 함께 갈아 먹으면 된다. 작은 잔이나 큰 숟가락에 담으면 타파스로도 먹을 수 있다.

○ 감바스 알 아히요

감바스는 새우를, 아히요는 마늘을 의미한다. 따라서 감바스 알 아히요는 새우와 마늘을 올리브오일에 튀기듯 구운 요리이다. 느끼한 맛을 잡고 매콤한 맛을 더하기 위해 말린 고추를 첨가하기도 한다. 올리브오일이 식으면 느끼한 맛이 올라오기 때문에 식지 않도록 열이 잘 유지되는 그릇에 담는다. 와인의 안주로 매우 잘 어울린다. 일종의 타파스지만 인기가 많아 메인요리로 올라오기도 한다.

○ 추로스

스페인 산악지대에 사는 추로라는 양의 뿔과 닮았다고 해서 붙여진 이름이다. 밀가루와 버터, 소금, 물로 만든 반죽을 기름에 튀겨낸 간식이다. 막대처럼 길고, 단면은 별 모양으로 생겼다. 설탕이나 계핏가루를 뿌려서 먹기도 하고, 뜨거운 초콜릿이나 우유를 넣은 커피에 찍어서 먹기도 한다.

○ 상그리아

와인에 과일과 소다수, 과즙, 감미료 등을 넣어 만든 음료이다. 스페인어로 상그리아는 '피를 흘리다'라는 의미로, 레드와인의 붉은 색을 띤다. 와인에 각종 재료를 넣고 하루 정도 숙성시킨 후 얼음을 넣어 시원하게 마신다. 보통 스페인에서는 질이 좋은 와인은 그냥 마시고, 질이 약간 떨어지는 와인은 상그리아로 마신다고 한다. 파에야 등의 스페인 음식과 함께 먹으면 풍미가 더욱 좋다.

UNIT **01**

식당 찾기·예약하기

시내의 관광안내소나 호텔의 인포메이션에서는 가고 싶은 레스토랑 가이드를 받을 수 있습니다. 보통 이상의 레스토랑에서 식사를 할 경우 예약을 하고 가야 하며, 복장도 신경을 쓰는 게 좋습니다. 또한 현지인에게 인기가 있는 레스토랑은 가격도 적당하고 맛있는 가게가 많습니다.

가장 가까운 ______ 식당은 어디입니까?
Where is the nearest ______ restaurant?
¿Dónde está el restaurante ______ más cercano?
돈데 에스따 엘 레스따우란떼 마스 쎄르까노?

□ 한국	Korean	coreano	꼬레아노
□ 스페인	Japanese	japonés	하뽀네스
□ 중국	Chinese	chino	치노
□ 프랑스	French	francés	프란쎄스

Q : 예약이 필요합니까?
Do you need a reservation?
¿Hay que reservar?
아이 깨 레세르바르

A : 아니오. 그냥 오셔도 됩니다.
No, sir. Walk right in.
No, no hace falta reservar.
노, 노 아쎄 팔따 레세르바르

식당을 찾을 때

✈ 이 근처에 맛있게 하는 음식점은 없습니까?
Is there a good restaurant around here?
¿Hay un buen restaurante cerca de aquí?
아이 운 부엔 레스따우란떼 쎄르까 데 아끼

✈ 이곳에 한국 식당은 있습니까?
Do you have a Korean restaurant?
¿Hay un restaurante coreano?
아이 운 레스따우란떼 꼬레아노

✈ 이 지방의 명물요리를 먹고 싶은데요.
I'd like to have a some local food.
Me gustaría comer un plato típico local.
메 구스따리아 꼬메르 운 쁠라또 띠삐꼬 로깔

✈ 음식을 맛있게 하는 가게가 있으면 가르쳐 주세요.
Could you recommend a popular restaurant?
¿Me podría recomendar algún restaurante popular?
메 뽀드리아 레꼬멘다르 알군 레스따우란떼 뽀뿔라르

✈ 싸고 맛있는 가게는 있습니까?
Do you know a nice, reasonably-priced restaurant?
¿Conoce algún restaurante bueno, con precio razonable?
꼬노쎄 알군 레스따우란떼 부에노, 꼰 쁘레씨오 라쏘나블레

✈ 가볍게 식사를 하고 싶은데요.
I'd like to have a light meal.
Me gustaría comer algo ligero.
메 구스따리아 꼬메르 알고 리헤로

이 시간에 문을 연 가게는 있습니까?

Is there a restaurant open at this time?

¿Hay algún restaurante abierto a esta hora?

아이 알군 레스따우란떼 아비에르또 아 에스따 오라

(책을 보이며) 이 가게는 어디에 있습니까?

Where is this restaurant?

¿Dónde está este restaurante?

돈데 에스따 에스떼 레스따우란떼

이 지도 어디에 있습니까?

Would you show me on this map?

¿Me lo podría indicar sobre el mapa?

멜 로 뽀드리아 인디까르 소브레 엘 마빠

걸어서 갈 수 있습니까?

Can I get there on foot?

¿Puedo ir a pie?

뿌에도 이르 아 삐에

몇 시부터 엽니까?

What time does it open?

¿A qué hora abre?

아 깨 오라 아브레

조용한 분위기의 레스토랑이 좋겠습니다.

I'd like a quiet restaurant.

Me gustaría un restaurante tranquilo.

메 구스따리아 운 레스따우란떼 뜨랑낄로

붐비는 레스토랑이 좋겠습니다.

I'd like a restaurant with a cheerful atmosphere.

Me gustaría un restaurante con un ambiente animado.

메 구스따리아 운 레스따우란떼 꼰 운 암비엔떼 아니마도

식당이 많은 곳은 어디입니까?

Where is the main area for restaurants?

¿Dónde está la zona de restaurantes?

돈데 에스따 라 쏘나 데 레스따우란떼스

로마라는 이탈리아 식당을 아십니까?

Do you know an Italian restaurant called Roma?

¿Conoce un restaurante italiano llamado Roma?

꼬노쎄 운 레스따우란떼 이딸리아노 야마도 로마

이곳 사람들이 많이 가는 식당이 있습니까?

Are there any restaurant where mostly local people go?

¿Hay algún restaurante al que vayan los locales?

아이 알군 레스따우란떼 알 깨 바얀 로스 로깔레스

예약이 필요한가요?

Do we need a reservation?

¿Hay que reservar?

아이 깨 레세르바르

식당 예약할 때

✈ **그 레스토랑을 예약해 주세요.**

Make a reservation for the restaurant, please.

Por favor, hágame una reserva para el restaurante.

뽀르 파보르, 아가메 우나 레세르바 빠라 엘 레스따우란떼

✈ **여기서 예약할 수 있나요?**

Can we make a reservation here?

¿Podemos hacer una reserva aquí?

뽀데모스 아쎄르 우나 레세르바 아끼

✈ **오늘 밤 예약하고 싶은데요.**

I'd like to make a reservation for tonight.

Quisiera hacer una reserva para esta noche.

끼시에라 아쎄르 우나 레세르바 빠라 에스따 노체

✈ (주인) **손님은 몇 분이십니까?**

How large is your party?

¿Cuántos son?

꾸안또스 손

✈ **오후 6시 반에 5명이 갑니다.**

Five persons at 6:30 p.m.

Cinco personas para las 6:30 de la tarde.

씽꼬 뻬르소나스 빠라 라스 세이스 이 메디아 델 라 따르데

✈ **전원 같은 자리로 해 주세요.**

We'd like to have a table together.

Una mesa para todos juntos, por favor.

우나 메사 빠라 또도스 훈또스, 뽀르 파보르

✈ 거기는 어떻게 갑니까?
How can I get there?
¿Cómo se va?
꼬모 세 바

✈ (주인) 몇 시가 좋으시겠습니까?
What times are available?
¿A qué hora le viene bien?
아 깨 오라 레 비에네 비엔

✈ 몇 시에 자리가 납니까?
What time can we reserve a table?
¿A qué hora se puede reservar?
아 깨 오라 세 뿌에데 레세르바르

✈ 복장에 규제는 있습니까?
Is there a dress code?
¿Hay algún código de vestimenta?
아이 알균 꼬디고 데 베스띠멘따

✈ 금연[흡연]석으로 부탁합니다.
We'd like a non-smoking[smoking] table.
Una mesa para no fumadores[fumadores], por favor.
우나 메사 빠라 노 푸마도레스, 뽀르 파보르

✈ 미안합니다. 예약을 취소하고 싶습니다.
I'm sorry, but I want to cancel my reservation.
Perdone, quisiera cancelar mi reserva.
뻬르도네, 끼시에라 깐셀라르 미 레세르바

UNIT 02

식사 주문

레스토랑에 도착하면 입구에서 예약한 경우에는 이름을 말하고 안내를 기다리며, 테이블 세팅이 될 때까지 기다릴 경우에는 웨이팅 바에서 술을 마시면서 기다리는 것도 좋습니다. 의자에 앉을 때는 여성이 안쪽으로 앉도록 하고 테이블에 앉은 후에는 디저트가 나올 때까지 담배는 삼가는 것이 에티켓입니다.

[

_______________ 을(를) 주세요.

_______________ , please.

_______________ , por favor.

뽀르 파보르

]

□	스프	Soup	Una sopa	우나 소빠
□	지중해식 샐러드	Mediterranean salad	Una ensalada mediterránea	우나 엔살라다 메디떼라네아
□	닭고기 구이	Roast chichen	Pollo asado	뽀요 아사도
□	스테이크	Steak	Filete	필레떼

Q : 주문하시겠습니까?

Are you ready to order?

¿Va a pedir?

바 아 뻬디르

A : 아직 정하지 않았습니다.

Not yet.

Aún no.

아운 노

자리에 앉을 때까지

✈ 안녕하세요. 예약은 하셨습니까?

Good evening. Do you have a reservation?

Buenas tardes. ¿Ha reservado?

부에나스 따르데스. 아 레세르바도

✈ 6시에 예약한 홍길동입니다.

My name is Kil-dong Hong. I have a reservation at six.

Mi nombre es Kil-dong Hong. Tengo una reserva para las seis.

미 놈브레 에스 길동 홍. 뗑고 우나 레세르바 빠라 라스 세이스

✈ 예약을 하지 않았습니다.

We don't have a reservation.

No hemos reservado.

노 에모스 레세르바도

✈ 몇 분이십니까?

How many in your party?

¿Cuántos son?

꾸안또스 손

✈ 안내해 드릴 때까지 기다려 주십시오.

Please wait to be seated.

Espere a ser atendido, por favor.

에스뻬레 아 세르 아뗀디도, 뽀르 파보르

✈ 조용한 안쪽 자리로 부탁합니다.

We'd like to have a table in a quiet corner.

Una mesa tranquila en el interior, por favor.

우나 메사 뜨랑낄라 엔 엘 인떼리오르, 뽀르 파보르

메뉴를 볼 때

✈ **메뉴 좀 보여 주세요.**
May I see the menu?
¿Podría ver el menú?
뽀드리아 베르 엘 메누

✈ **한국어 메뉴는 있습니까?**
Do you have a menu in Korean?
¿Tiene un menú en coreano?
띠에네 운 메누 엔 꼬레아노

✈ **메뉴에 대해서 가르쳐 주세요.**
Would you help me with this menu?
¿Me ayuda con el menú, por favor?
메 아유다 꼰 엘 메누, 뽀르 파보르

✈ **이 지방의 명물요리는 있습니까?**
Do you have any local dishes?
¿Tiene alguna especialidad local?
띠에네 알구나 에스뻬씨알리닫 로깔

✈ **무엇을 권하시겠습니까?**
What do you recommend?
¿Qué recomienda?
깨 레꼬미엔다

✈ **나중에 다시 오실래요?**
Could you come back later?
¿Puede venir más tarde?
뿌에데 베니르 마스 따르데

주문할 때

(웨이터) 주문하시겠습니까?

Are you ready to order?

¿Va a pedir?

바 아 뻬디르

잠깐 기다려 주세요.

I need a little more time.

Necesito más tiempo.

네쎄씨또 마스 띠엠뽀

(웨이터를 부르며) 주문받으세요.

We need ready to order.

¿Nos toma nota, por favor?

노스 또마 노따, 뽀르 파보르

(웨이터) 음료는 무엇으로 하시겠습니까?

What would you like to drink?

¿Qué quiere para beber?

깨 끼에레 빠라 베베르

이깃으로 부탁합니다.

I'll take this one.

Esto, por favor.

에스또, 뽀르 파보르

여기서 잘하는 요리는 무엇입니까?

What is the specialty of the house?

¿Qué es la especialidad de la casa?

깨 에스 라 에스뻬씨알리닫 델 라 까사

✈ 오늘 특별 요리가 있습니까?

Do you have today's special?

¿Hay algún plato especial de hoy?

아이 알군 쁠라또 에스뻬씨알 데 오이

✈ 저도 같은 것으로 주세요.

I'll have the same.

Me tomaré lo mismo.

메 또마레 로 미스모

✈ 빨리 되는 것은 있습니까?

Do you have anything ready quickly?

¿Hay algún plato que salga rápido?

아이 알군 쁠라또 깨 살가 라삐도

✈ 저것과 같은 요리를 주시겠어요?

Can I have the same dish as that?

¿Me puede poner el mismo plato que aquel?

메 뿌에데 뽀네르 엘 미스모 쁠라또 깨 아깰

✈ 빨리 됩니까?

Can I have it right away?

¿Sale rápido?

살레 라삐도

✈ 이것은 무슨 요리입니까?

What kind of dish is this?

¿Qué es este plato?

깨 에스 에스떼 쁠라또

✈ 어떤 요리인지 설명해 주시겠어요?

Can you explain this dish?

¿Me podría explicar qué plato es este?

메 뽀드리아 엑스쁠리까르 깨 쁠라또 에스 에스떼

✈ 요리재료는 뭡니까?

What are the ingredients?

¿Cuáles son los ingredientes?

꾸알레스 손 로스 인그레디엔떼스

✈ 이건 맵습니까?

Is this spicy?

¿Es esto picante?

에스 에스또 삐깐떼

✈ (웨이터) 다른 주문은 없으십니까?

Anything else?

¿Desea algo más?

데세아 알고 마스

✈ 디저트는 어떻게 하시겠습니까?

What would you like to have for dessert?

¿Qué quiere de postre?

깨 끼에레 데 뽀스뜨레

각국 요리		
한국요리	comida coreana	꼬미다 꼬레에나
중국요리	comida china	꼬미다 치나
스페인요리	comida española	꼬미다 에스빠뇰라
인도요리	comida india	꼬미다 인디아
베트남요리	comida vietnamita	꼬미다 비엣나미따
민족요리	comida nacional	꼬미다 나씨오날
이탈리아요리	comida italiana	꼬미다 이딸리아나
프랑스요리	comida francesa	꼬미다 프란쎄사
일본요리	comida japonesa	꼬미다 하뽀네사
독일요리	comida alemana	꼬미다 알레마나
멕시코요리	comida mexicana	꼬미다 메히까나
향토요리	comida típica de la región	꼬미다 띠삐까 델 라 레히온

식당에서 쓰이는 말		
식당	restaurante	레스따우란떼
식사	comida	꼬미다
요리	plato	쁠라또
예약석	asiento reservado	아씨엔또 레세르바도
웨이터	camarero	까마레로
웨이트리스	camarera	까마레라
주문	pedido	뻬디도
추가주문	pedido adicional	뻬디도 아디씨오날
카운터	caja	까하
스푼	cuchara	꾸차라
포크	tenedor	떼네도르
접시	plato	쁠라또
젓가락	palillos	빨리요스
찻잔	taza de té	따싸 데 떼
컵	vaso	바소

전채 Appetizer		
멸치	anchoa	안초아
캐비어	caviar	까비아르
치즈	queso	깨소
칵테일	cóctel	꼭뗄
새우	gambas	감바스
굴	ostras	오스뜨라스
햄	jamón	하몬
훈제연어	salmón ahumado	살몬 아우마도
소시지	salchicha	살치차
스페니쉬 오믈렛	tortilla española	또르띠야 에스빠뇰라
냉고기 모듬	surtido de carne helada	수르띠도 데 까르네 엘라다
카나페	canapé	까나뻬
터린	sopera	소뻬라
치킨너겟	trozos de pollo empanados	뜨로쏘스 데 뽀요 엠빠나도스

수프 / 샐러드 Sopas / Ensaladas		
콩소메	caldo	깔도
토마토 수프	sopa de tomate	소빠 데 또마떼
쇠꼬리 수프	sopa de rabo de vaca	소빠 데 라보 데 바까
포타지	potaje	뽀따헤
스카치 브로스	caldo escocés	깔도 에스꼬쎄스
야채 수프	sopa de verduras	소빠 데 베르두라스
아스파라거스 샐러드	ensalada de espárragos	엔살라다 데 에스빠라고스
아보카도 샐러드	ensalada de aguacate	엔살라다 데 아구아까떼
양배추 샐러드	ensalada de col	엔살라다 데 꼴
야채 샐러드	ensalada de verduras	엔살라다 데 베르두라스
양상추 샐러드	ensalada de lechuga	엔살라다 데 레추가
어패류 샐러드	ensalada de mariscos	엔살라다 데 마리스꼬스
토마토 샐러드	ensalada de tomate	엔살라다 데 또마떼
따뜻한 샐러드	ensalada templada	엔살라다 뗌쁠라다
샐러드 바	barra de ensaladas	바라 데 엔살라다스

UNIT **03**

식사를 하면서

매너란 기본적으로 사람에게 불쾌감을 주지 않기 위해 지켜야 할 룰입니다. 냅킨은 무릎 위에 두고, 나이프와 포크는 바깥쪽부터 사용합니다. 너무 신경을 쓰는 것도 좋지 않지만 식사 중에는 접시 위에서 나이프나 포크 소리를 내거나 큰소리로 웃거나 떠드는 것을 삼가야 합니다. 음식을 씹을 때는 입을 다물고 씹으며 국물이나 차를 마실때는 소리가 나지 않도록 해야 합니다.

________ 좀 갖다 주시겠어요?

Could I have some ________, please?

¿Me podría traer ________, por favor?

메 뽀드리아 뜨라에르 ________ 뽀르 파보르

□	소금	salt	la sal	라 살
□	후춧가루	pepper	la pimienta	라 삐미엔따
□	간장	soybean sauce	la salsa de soja	라 살사 데 소하
□	설탕	sugar	el azúcar	엘 아쑤까르

Q : 여기요. 웨이터!

Excuse me. Waiter!

Perdone, ¡camarero!

빼르도네, 까마레로

A : 네, 무슨 일입니까?

Yes. Can I help you?

Sí. ¿Puedo ayudarle?

씨. 뿌에도 아유다를레

먹는 법 · 재료를 물을 때

먹는 법을 가르쳐 주시겠어요?
Could you tell me how to eat this?
¿Podría explicarme cómo se come esto?
뽀드리아 엑스쁠리까르메 꼬모 세 꼬메 에스또

이건 어떻게 먹으면 됩니까?
How do I eat this?
¿Cómo se come esto?
꼬모 세 꼬메 에스또

이 고기는 무엇입니까?
What kind of meat is this?
¿Qué tipo de carne es esta?
깨 띠뽀 데 까르네 에스 에스따

이것은 재료로 무엇을 사용한 겁니까?
What are the ingredients for this?
¿Qué ingredientes tiene esto?
깨 잉그레디엔떼스 띠에네 에스또

필요한 것을 부탁할 때

빵을 좀 더 주세요.
Can I have more bread?
¿Me podría dar más pan?
메 뽀드리아 다르 마스 빤

디저트 메뉴는 있습니까?
Do you have a dessert menu?
¿Tiene un menú de postres?
띠에네 운 메누 데 뽀스뜨레스

✈ 물 한 잔 주세요.
I'd like a glass of water, please.
¿Podría traerme un vaso de agua, por favor?
뽀드리아 뜨라에르메 운 바소 데 아구아, 뽀르 파보르

✈ 소금 좀 갖다 주시겠어요?
Could I have some salt, please?
¿Me podría traer sal, por favor?
메 뽀드리아 뜨라에르 살, 뽀르 파보르

✈ 젓가락을 떨어뜨렸습니다.
I dropped my chopsticks.
Se me han caído los palillos.
세 메 안 까이도 로스 빨리요스

✈ 나이프[포크]를 떨어뜨렸습니다.
I dropped my knife[fork].
Se me ha caído el cuchillo[el tenedor].
세 메 아 까이도 엘 꾸치죠[엘 떼네도르]

✈ ~을 추가로 부탁합니다.
I'd like to order some more~.
Quisiera pedir un poco más de ~.
끼시에라 뻬디르 운 뽀꼬 마스 데

디저트 · 식사를 마칠 때

✈ 디저트를 주세요.
I'd like a dessert, please.
El postre, por favor.
엘 뽀스뜨레, 뽀르 파보르

디저트는 뭐가 있나요?
What do you have for dessert?
¿Qué hay de postre?
깨 아이 데 뽀스뜨레

(디저트를 권할 때) 아뇨, 됐습니다.
No, thank you.
No, gracias.
노 그라시아스

이걸 치워주시겠어요?
Could you please take this away?
Se puede llevar esto.
세 뿌에데 예바르 에스또

(맛은) 어떠십니까?
Is everything all right?
¿Todo bien?
또도 비엔

맛있는데요!
This is good!
Está bueno.
에스따 부에노

(동석한 사람에게) 담배를 피워도 되겠습니까?
May I smoke?
¿Te importa que fume?
떼 임뽀르따 깨 푸메

UNIT 04

술집에서

식사를 하면서 술을 마실 경우에는 그 고장의 전통 술을 고르도록 하며, 웨이터와 의논해서 정하도록 합시다. 나라가 다르면 술의 종류도 가게의 분위기도 다릅니다. 게다가 연령제한이나 영업시간도 다릅니다.

_______________ 을(를) 주시겠어요?

May I have _______________ , please?

¿Me pone _______________ , por favor?

메 뽀네 _______________ 뽀르 파보르

□ 맥주	a beer	una cerveza	우나 쎄르베싸
□ 와인	a wine	un vino	운 비노
□ 위스키	a whiskey	un whiskey	운 위스끼
□ 스카치	a scotch	un whiskey escocés	운 위스끼 에스꼬쎄스

Q : 와인은 어떠십니까?

Would you care for wine?

¿Qué le parece un vino?

깰 레 빠레쎄 운 비노

A : 와인 목록은 있습니까?

Do you have a wine list?

¿Tiene una lista de vinos?

띠에네 우나 리스따 데 비노스

술을 주문할 때

✈ **이 요리에는 어느 와인이 맞습니까?**

Which wine goes with this dish?

¿Qué vino va con el plato?

깨 비노 바 꼰 엘 쁠라또

✈ **글라스로 주문됩니까?**

Can I order it by the glass?

¿Puedo pedirlo en copa?

뿌에도 뻬디를로 엔 꼬빠

✈ **레드와인을 한 잔 주세요.**

I'd like a glass of red wine.

Quisiera una copa de vino tinto.

끼시에라 우나 꼬빠 데 비노 띤또

✈ **생맥주는 있습니까?**

Do you have a draft beer?

¿Tiene cerveza de barril?

띠에네 쎄르베싸 데 바릴

✈ **식사하기 전에 무슨 마실 것을 드릴까요?**

Would you care for something to drink before dinner?

¿Quiere beber algo antes de comer?

끼에레 베베르 알고 안떼스 데 꼬메르

✈ **이 지방의 독특한 술입니까?**

Is it a local alcohol?

¿Es un alcohol local?

에스 운 알꼴 로깔

✈ 어떤 맥주가 있습니까?
What kind of beer do you have?
¿Qué tipo de cervezas hay?
깨 띠뽀 데 쎄르베싸스 아이

✈ (웨이터) 음료는 어떻게 하시겠습니까?
Anything to drink?
¿Para beber?
빠라 베베르

✈ 물만 주시겠어요?
Can I just have water, please?
Solo quiero agua, por favor.
솔로 끼에로 아구아, 뽀르 파보르

✈ 뭔가 먹을 것은 없습니까?
Do you have something to eat?
¿Tiene algo para picar?
띠에네 알고 빠라 삐까르

✈ 어떤 술입니까?
What kind of alcohol is it?
¿Qué tipo de alcohol es?
깨 띠뽀 데 알꼴 에스

✈ 가벼운 술이 좋겠습니다.
I'd like a light alcohol.
Quisiera un alcohol ligero.
끼시에라 운 알꼴 리헤로

술을 마실 때

맥주가 별로 차갑지 않네요.
The beer isn't cool enough.

La cerveza no está muy fría.

라 쎄르베싸 노 에스따 무이 프리아

건배!
Cheers!

¡Salud!

살룯

한 잔 더 주세요.
Another one, please.

Otra copa más, por favor.

오뜨라 꼬빠 마스, 뽀르 파보르

한 병 더 주세요.
May I have another one?

¿Me da otra botella?

메 다 오뜨라 보떼야

생수 좀 주세요.
I'll have a mineral water.

¿Me da agua mineral, por favor?

메 다 아구아 미네랄, 뽀르 파보르

제가 내겠습니다.
It's on me, please.

Yo invito.

요 인비또

UNIT **05**

식당에서의 트러블

테이블에 앉을 때는 오른손으로 의자를 잡아당겨 왼쪽에서 앉습니다. 테이블에는 각 담당의 웨이터가 정해져 있으므로 무언가를 부탁하거나 식사 중에 문제가 발생하면 먼저 담당 웨이터를 부릅니다. 식사 중에 나이프나 포크를 떨어뜨렸으면 자신이 줍지 말고 웨이터를 불러 다시 가져오도록 합니다.

이건 너무 ______________.
I think this is a little too ______________.
Creo que esto está demasiado ______________.
끄레오 깨 에스또 에스따 데마시아도

□	짭니다	salty	salado	살라도
□	답니다	sweet	dulce	둘쎄
□	맵습니다	hot	picante	삐깐떼
□	십니다	sour	agrio	아그리오

Q : 이건 주문하지 않았는데요.
I didn't order this.
No pedí esto.
노 뻬디 에스또

A : 아, 그렇습니까?
You didn't, sir?
¿Ah, no?
아 노

요리가 늦게 나올 때

✈ 주문한 게 아직 안 나왔습니다.
My order hasn't come yet.
Aún no ha salido lo que pedí.
아운 노 아 살리도 로 깨 뻬디

✈ 어느 정도 기다려야 합니까?
How long do we have to wait?
¿Cuánto tengo que esperar?
꾸안또 뗑고 깨 에스뻬라르

✈ 아직 시간이 많이 걸립니까?
Will it take much longer?
¿Tardará mucho?
따르다라 무초

✈ 조금 서둘러 주시겠어요?
Would you rush my order?
¿Podría darse prisa con mi pedido?
뽀드리아 다르세 쁘리사 꼰 미 뻬디도

✈ 벌써 30분이나 기다리고 있습니다.
I've been waiting for thirty minutes.
Llevo esperando treinta minutos.
예보 에스뻬란도 뜨레인따 미누또스

✈ 커피를 두 잔 부탁했는데요.
I ordered two cups of coffee.
Pedí dos cafés.
뻬디 도스 까페스

주문을 취소하거나 바꿀 때

이건 주문하지 않았는데요.
I don't think I ordered this.
Creo que no pedí esto.
끄레오 깨 노 뻬디 에스또

주문을 확인해 주시겠어요?
Can you please check my order?
¿Podría comprobar mi pedido, por favor?
뽀드리아 꼼쁘로바르 미 뻬디도 뽀르 파보르

주문을 취소하고 싶은데요.
I want to cancel my order.
Quisiera cancelar mi pedido.
끼시에라 깐쎌라르 미 뻬디도

주문을 바꿔도 되겠습니까?
Can I change my order?
¿Puedo cambiar mi pedido?
뿌에도 깜비아르 미 뻬디도

글라스가 더럽습니다.
The glass isn't clean.
La copa no está limpia.
라 꼬빠 노 에스따 림삐아

새것으로 바꿔 주세요.
Please change this for new one.
Por favor, ¿me cambia esto por uno nuevo?
뽀르 파보르, 메 깜비아 에스또 뽀르 우노 누에보

요리에 문제가 있을 때

✈ 수프에 뭐가 들어 있습니다.
There's something in the soup.
Hay algo en la sopa.
아이 알고 엔 라 소빠

✈ 요리가 덜 된 것 같네요.
This is not cooked enough.
No está bien hecho.
노 에스따 비엔 에초

✈ 이 스테이크는 너무 구워졌어요.
I think this steak is overdone.
Este filete está demasiado hecho.
에스떼 필레떼 에스따 데마시아도 에초

✈ 식었습니다.
This isn't hot enough.
Se ha enfriado.
세 아 엔프리아도

✈ 이 요리를 데워 주세요.
Please warm this dish up.
Por favor, caliente este plato.
뽀르 파보르, 깔리엔떼 에스떼 쁠라또

✈ 너무 많아서 먹을 수 없습니다.
It is more than I can eat.
Es más de lo que puedo comer.
에스 마스 델 로 께 뿌에도 꼬메르

UNIT 06

패스트푸드점에서

패스트푸드나 카페테리아는 레스토랑보다도 훨씬 가볍게 이용할 수 있습니다. 그 자리에서 만들어 주는 샌드위치나 핫도그, 포테이토칩 등은 시간이 없을 때 간단히 먹을 수 있는 것들입니다. 그 자리에서 먹을 때는 Para comer aquí.라고 하고, 가지고 나갈 때는 Para llevar, por favor.라고 하면 됩니다.

[______________ 와(과) 미디엄 콜라 주세요.
______________ and a medium coke, please.
______________ y una coca cola mediana, por favor.
이 우나 꼬까 꼴라 메디아나, 뽈 파보르]

□	햄버거	Hamburger	Una Hamburguesa	우나 암부르개사
□	포테이토	French fries	Patatas Fritas	빠따따스 프리따스
□	피자	Pizza	Una Pizza	우나 삐짜
□	프라이드치킨	Fried chicken	Pollo Frito	뽀요 프리또

Q : 여기서 드시겠습니까, 아니면 포장을 해 드릴까요?
For here or to go?
¿Para tomar aquí o para llevar?
빠라 또마르 아끼 오 빠라 예바르

A : 포장해 주세요.
To go. (Take out.)
Para llevar.
빠라 예바르

패스트푸드를 주문할 때

✈ 이 근처에 패스트푸드점이 있습니까?
Is there a fastfood store around here?
¿Hay alguna tienda de comida rápida cerca de aquí?
아이 알구나 띠엔다 데 꼬미다 라삐다 쎄르까 데 아끼

✈ 햄버거하고 커피 주시겠어요?
Can I have a hamburger and a coffee, please?
Podría ponerme una hamburguesa y un café, ¿por favor?
뽀드리아 뽀네르메 우나 암부르개사 이 운 까페, 뽀르 파보르

✈ 겨자를 (많이) 발라 주세요.
With (a lot of) mustard, please.
Con mucha mostaza, por favor.
꼰 무차 모스따싸, 뽀르 파보르

✈ 어디서 주문합니까?
Where do I order?
¿Dónde se pide?
돈데 세 삐데

✈ 2번 세트로 주세요.
I'll take the number two combo.
Me llevaré el combo número dos, por favor.
메 예바레 엘 꼼보 누메로 도스, 뽀르 파보르

✈ 어느 사이즈로 하시겠습니까?
Which size would you like?
¿Qué tamaño quiere?
깨 따마뇨 끼에레

✈ L[M/S] 사이즈를 주세요.
Large[Medium/Small], please.
Grande[Mediano/Pequeño], por favor.
그란데[메디아노/뻬깨뇨], 뽀르 파보르

✈ 마요네즈는 바르겠습니까?
Would you like mayonnaise?
¿Quiere mayonesa?
끼에레 마요네사

✈ 아니오, 됐습니다.
No, thank you.
No, gracias.
노, 그라시아스

✈ 이것을 주세요.
I'll try it.
Esto, por favor.
에스또, 뽀르 파보르

✈ 샌드위치를 주세요.
A sandwich, please.
Un sándwich, por favor.
운 산드위츠, 뽀르 파보르

✈ 케첩을 주세요.
With ketchup, please.
Con kétchup, por favor.
꼰 깨춥, 뽀르 파보르

✈ (재료를 가리키며) 이것을 샌드위치에 넣어 주세요.
Put this in the sandwich, please.
Ponga esto en el sándwich, por favor.
뽕가 에스또 엔 엘 산드위츠, 뽀르 파보르.

주문을 마칠 때

✈ (주문은) 전부입니다.

That's all.

Eso es todo.

에소 엔 또도

✈ 여기서 드시겠습니까, 아니면 가지고 가실 겁니까?

For here or to go?

¿Para tomar aquí o para llevar?

빠라 또마르 아끼 오 빠라 예바르

✈ 여기서 먹겠습니다.

I'll eat here.

Para tomar aquí.

빠라 또마르 아끼

✈ 가지고 갈 거예요.

To go[Take out], please.

Para llevar, por favor.

빠라 예바르, 뽀르 파보르

✈ 이 자리에 앉아도 되겠습니까?

Can I sit here?

¿Puedo sentarme aquí?

뿌에도 센따르메 아끼

패스트푸드 음식

햄버거
(hamburger)
hamburguesa
암부르개사

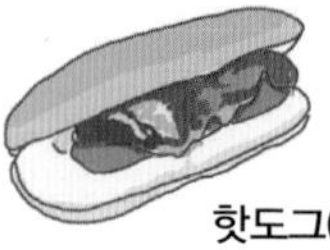

핫도그(hot dog)
perrito caliente
뻬리또 깔리엔떼

피자(pizza)
pizza
삐짜

프라이드 포테이토
(French fries)
patatas fritas
빠따따스 프리따스

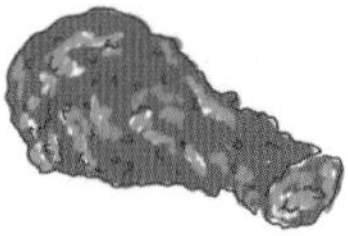

프리이드 치킨
(fried chicken)
pollo frito
뽀요 프리또

도넛
(doughnut)
rosquilla
로스끼야

아이스크림
(ice cream)
helado
엘라도

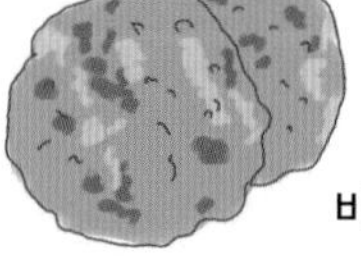

비스킷(biscuit)
galleta
가예따

샐러드(salad)
ensalada
엔살라다

샌드위치
(sandwich)
sándwich
산드위츠

조미료

케첩
(ketchup)
kétchup
깨쭙

머스터드(mustard)
mostaza
모스따싸

후추(pepper)
pimienta
삐미엔따

간장(soy sauce)
salsa de soja
살사 데 소하

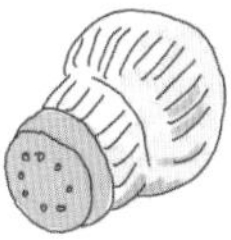

설탕(sugar)
azúcar
아쑤까르

소금(salt)
sal
살

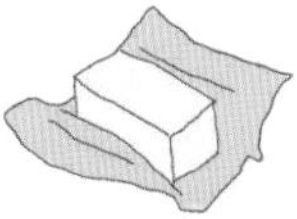

버터(butter)
mantequilla
만떼끼야

마가린(margarine)
margarina
마르가리나

음료

커피
(coffee)
café
까페

(커피용) 밀크(milk)
leche
레체

차(tea)
té
떼

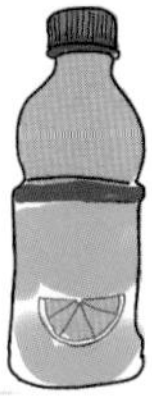

주스(juice)
zumo
쑤모

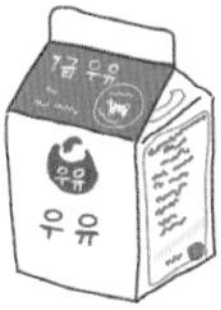

우유(milk)
leche
레체

콜라(coke)
coca cola
꼬까 꼴라

핫초코(hot chocolate)
chocolate caliente
초꼴라떼 깔리엔떼

UNIT
07

식비 · 술값 계산

식사가 끝나면 손을 들어서 Perdone. 라고 웨이터나 웨이트리스를 불러 La cuenta por favor.라고 계산서(la cuenta)를 부탁합니다. 계산서에 세금과 봉사료가 포함되어 있는 경우에는 팁은 필요 없습니다. 포함되어 있지 않는 경우에는 수고비로 팁을 테이블에 놓습니다.

______________ 은(는) 포함되어 있나요?

Is ______________ included?

¿Incluye ______________?

잉끌루예

- □ **봉사료** service charge el cargo por servicio 엘 까르고 뽀르 세르비씨오
- □ **팁** the tip la propina 라 쁘로삐나
- □ **커피값** coffee charge el café 엘 까페
- □ **자릿세** seat charge el cargo por asiento 엘 까르고 뽀르 아씨엔또

Q : 더 필요하신 게 있습니까?

Can I get you anything else?

¿Necesita algo más?

네쎄시따 알고 마스

A : 계산을 부탁합니다.

Just the bill, please.

La cuenta, por favor.

라 꾸엔따, 뽀르 파보르

지불방법을 말할 때

매우 맛있었습니다.
It was very good.
Muy bueno todo.
무이 부에노 또도

여기서 지불할 수 있나요?
Can I pay here?
¿Puedo pagar aquí?
뿌에도 빠가르 아끼

어디서 지불하나요?
Where shall I pay the bill?
¿Dónde tengo que pagar?
돈데 뗑고 깨 빠가르

따로따로 지불하고 싶은데요.
Separate checks, please.
Quisiera pagar por separado, por favor.
끼시에라 빠가르 뽀르 세빠라도, 뽀르 파보르

제가 모두 내겠습니다.
I'll take care of the bill.
Yo pagaré todo.
요 빠가레 또도

제 몫은 얼마인가요?
How much is my share?
¿Cuánto es mi parte?
꾸안또 에스 미 빠르떼

✈ 팁은 포함되어 있습니까?
Is the tip included?
¿Está la propina incluida?
에스따 라 쁘로삐나 잉끌루이다

✈ 제가 내겠습니다.
It's on me.
Yo pago.
요 빠고

✈ 신용카드도 받나요?
Do you accept credit cards?
¿Aceptan tarjeta de crédito?
아셉딴 따르헤따 데 끄레디또

✈ 현금으로 낼게요.
I'd like to pay in cash.
Voy a pagar en efectivo.
보이 아 빠가르 엔 에펙띠보

계산할 때

✈ 계산해 주세요.
Check, please.
La cuenta, por favor.
라 꾸엔따, 뽀르 파보르

✈ 전부 해서 얼마입니까?
How much is it altogether?
¿Cuánto es en total?
꾸안또 에스 엔 또딸

이 요금은 무엇입니까?

What's this charge for?

¿De qué es este coste?

데 깨 에스 에스떼 꼬스떼

계산서를 나눠 주시겠어요?

Could we have separate checks?

¿Nos podría dar recibos por separado?

노스 뽀드리아 다르 레씨보스 뽀르 세빠라도

계산이 틀린 것 같습니다.

I'm afraid the check is wrong.

Creo que la cuenta está mal.

끄레오 깰 라 꾸엔따 에스따 말

봉사료는 포함되어 있습니까?

Is it including the service charge?

¿Incluye el cargo por servicio?

잉끌루예 엘 까르고 뽀르 세르비씨오

영수증을 주세요.

May I have the receipt, please?

¿Me da el recibo, por favor?

메 다 엘 레씨보, 뽀르 파보르

거스름돈이 틀린 것 같은데요.

I think you gave me the wrong change.

Creo que me ha dado mal el cambio.

끄레오 깨 메 아 다도 말 엘 깜비오

육류 / 어패류 Carnes / Marisco		
쇠고기	carne de vaca	까르네 데 바까
닭고기	carne de pollo	까르네 데 뽀요
오리고기	carne de pato	까르네 데 빠또
양고기	carne de cordero	까르네 데 꼬르데로
돼지고기	carne de cerdo	까르네 데 쎄르도
칠면조고기	carne de pavo	까르네 데 빠보
송아지고기	carne de ternera	까르네 데 떼르네라
햄	jamón	하몬
등심	solomillo	솔로미요
티본	chuletón	출레똔
스테이크	filete	필레떼
생선	pescado	뻬스까도
게	cangrejo	깡그레호
전복	abulón	아불론
바닷가재	bogavante	보가반떼
굴	ostra	오스뜨라
새우	langostino	랑고스띠노
연어	salmón	살몬
참치	atún	아뚠
조개	almeja	알메하

야채 verduras		
아스파라거스	espárragos	에스빠라고스
양배추	col	꼴
샐러리	apio	아삐오
양상추	lechuga	레추가
양파	cebolla	쎄보야
시금치	espinaca	에스삐나까
가지	berenjena	베렝헤나
오이	pepino	뻬삐노
파슬리	perejil	뻬레힐
버섯	seta	세따

PART 5

교 통

스페인의 교통

시내버스

스페인의 시내버스는 노선이 다양하고 복잡하여 버스 번호나 행선지를 잘 확인하는 것이 좋다. 시내버스 안에는 아기를 태울 수 있는 베이비 카 시트와 교통약자나 반려견 동반인이 이용할 수 있는 넓고 편한 자리가 마련되어 있다. 1회 이용하려면 별도의 이용권 구입 없이 잔돈을 준비하여 요금을 내야 하며, 10회 이용할 수 있는 10회권을 구입하면 좀 더 저렴하다. 10회권은 여러 사람이 이용할 수도 있고 지하철과 버스를 모두 이용할 수 있다. 또한 1일~7일 동안 무제한으로 대중교통을 이용할 수 있는 패스도 구입할 수 있다. 스페인의 수도 마드리드에서는 두 가지 색깔의 시내버스가 다니는데 빨간색 버스는 관광객들을 위해 관광지를 투어하는 버스이고, 파란색 버스는 일반 시민들이 이용할 수 있는 버스이다.

지하철

마드리드나 바르셀로나 같은 대도시에서는 지하철을 이용하는 것도 편리하다. 지하철역에서 1회 이용권을 구입할 수도 있고, 버스도 함께 이용할 수 있는 10회 이용권을 구입할 수도 있다. 스페인의 지하철에는 스크린도어가 없으므로 좀 더 조심하도록 하자. 또한 지하철 문이 우리나라처럼 자동으로 열리지 않는다. 도착했을 때 버튼을 눌러 열지 않는다면 지하철이 그냥 지나갈 수 있으니 기억해 두자.

시외버스

스페인은 시외버스가 잘 발달되어 있다. 노선도 다양하고 배차간격도 그리 길지 않다. 시설도 괜찮고 가격도 저렴하기 때문에 너무 길지 않은 거리는 버스 노선을 알아보는 것이 제일 편할 것이다. 터미널

에 가면 버스회사별로 창구가 따로 있으므로 어떤 버스를 탈 것인지 잘 확인해야 한다. 스페인에서 가장 많이 볼 수 있는 시외버스는 ALSA 버스이다. 인터넷이나 앱으로 미리 예매할 수도 있고 현장 구매할 수도 있는데, 미리 예약할 경우 할인도 받을 수 있다. ALSA 외에도 유럽 30여 개국 국제버스 회사들의 연합인 유로라인 버스 역시 스페인에서 자주 볼 수 있다.

기차

대표적인 기차는 Renfe이다. Renfe는 스페인의 국영 철도기업으로, 다양한 노선을 다양한 가격으로 운행하고 있다. Renfe 역시 미리 예매하면 더 저렴하게 표를 구입할 수 있다. 4인이 마주보고 앉는 패키지석은 더욱 저렴하다. 표는 역에 있는 티켓 발매기에서 예약번호만 누르면 발권할 수 있으며 Renfe Ticket이라는 앱을 사용하면 별도의 발권 없이 탑승할 수 있다. Renfe에서 운영하는 대표 고속열차인 AVE는 스페인의 주요도시를 연결하며 비용이 비싼 대신에 빠르기 때문에 시간을 절약하고자 하면 AVE를 이용하는 것도 좋다.

비행기

여행 시 도시와 도시를 이동할 때 시외버스나 기차를 이용하는 것이 보통이지만, 꽤 먼 도시로 이동하고자 한다면 환승이나 장시간 이동을 피하기 위해 비행기를 이용할 수도 있다. 스페인의 대표적인 저가항공으로는 부엘링 항공이 있다. 부엘링 항공은 유럽 대다수 노선을 취항하고 있어 스페인과 다른 나라를 이동할 때도 요긴하게 이용할 수 있다. 요금의 종류가 여러 가지이며, 요금이 저렴한 대신 위탁수하물을 추가하려면 추가요금을 내야 한다든가 하는 옵션이 있으므로 예매할 때 잘 확인하고 본인에게 맞는 요금제를 선택하도록 한다.

UNIT 01

길을 물을 때

길을 물을 때는 가능하면 경찰이나 관광안내소에서 묻읍시다. 급하게 가는 사람보다는 천천히 걷는 사람에게 묻는 것이 좋지만, 지나치게 친절한 사람에게는 주의합시다. 말을 걸 때는 Disculpe, 알았으면 Gracias라고 말하는 것을 잊지 맙시다.

이 지도에서 ________ 은(는) 어디입니까?
Where is ________ on this map?
¿Dónde está ________ sobre este mapa?
돈데 에스따 소브레 에스떼 마빠

□	여기	this place	este lugar	에스떼 루가르
□	은행	the bank	el banco	엘 방꼬
□	백화점	the department store	el gran almacén	엘 그란 알마쎈
□	미술관	the art museum	el museo	엘 무세오

Q : 레띠로공원으로 가는 길을 가르쳐 주시겠어요?
Please tell me how to get to Retiro Park.
¿Me podría indicar cómo llegar al parque Retiro?
메 뽀드리아 인디까르 꼬모 예가르 알 빠르께 레띠로

A : 저기입니다.
It's over there.
Está allí.
에스따 아지

길을 물을 때

✈ 저, 실례합니다!

Excuse me!

¡Disculpe! / ¡Perdone!

디스꿀뻬/뻬르도네

✈ (지도를 가리키며) 여기는 어디에 있습니까?

Where are we now?

¿Dónde estamos?

돈데 에스따모스

✈ 실례합니다. 잠깐 여쭙겠습니다.

Excuse me. I have a question.

Perdone, ¿le puedo preguntar algo?

뻬르도네, 레 뿌에도 쁘레군따르 알고

✈ 백화점은 어디에 있습니까?

Where's the department store?

¿Dónde está el gran almacén?

돈데 에스따 엘 그란 알마쎈

✈ 여기는 무슨 거리입니까?

What street is this?

¿Cuál es esta calle?

꾸알 에스 에스따 까예

✈ 곧장 가십시오.

Go straight.

Todo recto.

또도 렉또

저기서 오른쪽으로 도세요.
Turn right there.
Gire ahí por la derecha.
히레 아이 뽀를 라 데레차

걸어서 몇 분 걸립니까?
How many minutes by walking?
¿Cuántos minutos se tarda andando?
꾸안또스 미누또스 세 따르다 안단도

박물관에는 어떻게 가면 됩니까?
How can I get to the museum?
¿Cómo se va al museo?
꼬모 세 바 알 무세오

역으로 가는 길을 가르쳐 주십시오.
Please tell me the way to the station.
¿Me podría indicar el camino a la estación, por favor?
메 뽀드리아 인디까르 엘 까미노 알 라 에스따씨온, 뽀르 파보르

여기에서 가깝습니까?
Is it near here?
¿Está cerca de aquí?
에스따 쎄르까 데 아끼

거기까지 걸어서 갈 수 있습니까?
Can I walk there?
¿Se puede ir a pie hasta allí?
세 뿌에데 이르 아 삐에 아스따 아지

거기까지 버스로 갈 수 있습니까?
Can I get there by bus?
¿Se puede ir en autobús?
세 뿌에데 이르 엔 아우또부스

거기에 가려면 택시밖에 없나요?
Is a taxi the only way to get there?
¿Es el taxi el único medio de transporte para ir?
에스 엘 딱씨 엘 우니꼬 메디오 데 뜨란스뽀르떼 빠라 이르

차이나타운은 멉니까?
Is Chinatown far?
¿Está lejos el barrio chino?
에스따 레호스 엘 바리오 치노

거기까지 어느 정도 시간이 걸립니까?
How long does it take?
¿Cuánto se tarda?
꾸안또 세 따르다

이 주위에 지하철역이 있습니까?
Is there a subway station around here?
¿Hay alguna estación de metro cerca de aquí?
아이 알구나 에스따씨온 데 메뜨로 쎄르까 데 아끼

지도에 표시해 주시겠습니까?
Would you mark it, please?
¿Podría señalarlo en el mapa, por favor?
뽀드리아 세냘라를로 엔 엘 마빠, 뽀르 파보르

길을 잃었을 때

실례합니다! 여기는 무슨 거리입니까?
Excuse me! What's this street?
¡Disculpe! ¿Qué calle es esta?
디스꿀뻬! 깨 까예 에스 에스따

길을 잃었습니다.
I got lost on my way.
Me he perdido.
메 에 뻬르디도

어디에 갑니까?
Where are you going?
¿A dónde va?
아 돈데 바

세라노로 가는 길입니다.
We're going to Serrano.
Vamos a Serrano.
바모스 아 세라노

이 길이 아닙니까?
Am I on the wrong street?
¿No es este el camino?
노 에스 에스떼 엘 까미노

친절을 베풀어 주셔서 감사합니다.
It's very kind of you. Thank you.
Muy amable, gracias.
무이 아마블레, 그라시아스

길을 물어올 때

✈ 미안합니다. 잘 모르겠습니다.

I'm sorry. I don't know.

Lo siento, no lo sé.

로 씨엔또, 놀 로 세

✈ 저는 여행자입니다.

I'm a tourist.

Soy turista.

소이 뚜리스따

✈ 저도 잘 모릅니다.

I'm not sure myself.

Yo tampoco lo sé.

요 땀뽀꼬 로 세

✈ 다른 사람에게 물어보십시오.

Please ask someone else.

Pregunte a otra persona.

쁘레군떼 아 오뜨라 뻬르소나

✈ 저 사람에게 물어보십시오.

Ask the man over there.

Pregunte a esa persona.

쁘레군떼 아 에사 뻬르소나

✈ 지도를 가지고 있습니까?

Do you have a map?

¿Tiene un mapa?

띠에네 운 마빠

UNIT 02

택시를 이용할 때

급하거나 길을 잘 모를 때는 택시를 이용하는 게 편리합니다. 말이 통하지 않을 때는 가고 싶은 곳의 주소를 적어서 택시기사에게 주면 됩니다. 사람이 많을 때나 큰 짐이 있을 때는 추가요금을 받는 경우도 있습니다. 내릴 때 요금의 15% 정도의 팁을 건넵니다.

____________ 가 주세요.
____________ , please.
____________ , por favor.
뽀르 파보르

□ 이 주소로	To this address	A Esta Dirección	아 에스따 디렉씨온
□ 이곳으로	To this place	A Este Sitio	아 에스떼 시띠오
□ 번화가로	To downtown	Al Centro	알 쎈뜨로
□ 레띠로공원으로	To Retiro Park	Al Parque Retiro	알 빠르깨 레띠로

Q : 어디까지 모셔다 드릴까요?
Where to?
¿A dónde va?
아 돈데 바

A : 번화가로 가 주세요.
Downtown, please.
Al centro, por favor.
알 쎈뜨로, 뽀르 파보르

택시를 잡을 때

택시승강장은 어디에 있습니까?
Where's the taxi stand?
¿Dónde está la parada de taxi?
돈데 에스따 라 빠라다 데 딱씨

어디서 택시를 탈 수 있습니까?
Where can I get a taxi?
¿Dónde puedo coger un taxi?
돈데 뿌에도 꼬헤르 운 딱씨

어디서 기다리고 있으면 됩니까?
Where should we wait?
¿Dónde tenemos que esperar?
돈데 떼네모스 깨 에스뻬라르

택시!
Taxi!
¡Taxi!
딱씨

택시를 탈 때

우리들 모두 탈 수 있습니까?
Can we all get in the car?
¿Cabemos todos?
까베모스 또도스

✈ 트렁크를 열어 주시겠어요?
Would you open the trunk?
¿Puede abrir el maletero?
뿌에데 아브리르 엘 말레떼로

✈ (주소를 보이며) 이 주소로 가 주세요.
Take me to this address, please.
Lléveme a esta dirección, por favor.
예베메 아 에스따 디렉씨온, 뽀르 파보르

✈ 에스타디오 산티아고 베르나베우 경기장으로 가 주세요.
To Santiago Bernabéu Stadium, please.
Al Estadio Santiago Bernabéu, por favor.
알 에스따디오 산띠아고 베르나베우, 뽀르 파보르

✈ 서둘러 주시겠어요?
Could you please hurry?
¿Podría ir más rápido, por favor?
뽀드리아 이르 마스 라삐도, 뽀르 파보르

✈ 9시까지 도착할 수 있을까요?
Can I get there by nine?
¿Podré llegar a las nueve?
뽀드레 예가르 알 라스 누에베

✈ 가장 가까운 길로 가 주세요.
Take the shortest way, please.
Vaya por el camino más corto, por favor.
바야 뽀르 엘 까미노 마스 꼬르또, 뽀르 파보르

✈ 좀 더 천천히 가 주세요.
Could you drive more slowly?
¿Podría ir más despacio, por favor?
뽀드리아 이르 마스 데스빠씨오, 뽀르 파보르

택시에서 내릴 때

여기서 세워 주세요.
Stop here, please.
Pare aquí, por favor.
빠레 아끼, 뽀르 파보르

다음 신호에서 세워 주세요.
Please stop at the next light.
Por favor, pare en el próximo semáforo.
뽀르 파보르, 빠레 엔 엘 쁘록씨모 세마포로

좀 더 앞까지 가주세요.
Could you pull up a little further?
¿Podría ir un poco más?
뽀드리아 이르 운 뽀꼬 마스

여기서 기다려 주시겠어요?
Would you wait for me here?
¿Me puede esperar aquí?
메 뿌에데 에스뻬라르 아끼

얼마입니까?
How much is it?
¿Cuánto es?
꾸안또 에스

거스름돈은 됐습니다.
Keep the change.
Quédese con el cambio.
깨데세 꼰 엘 깜비오

UNIT **03**

버스를 이용할 때

시내를 자유롭게 이동하려면 시내버스가 싸고 편리합니다. 관광안내소 등에서 노선도를 받아 둡시다. 스페인은 버스가 대단히 발달되어 있어 여행 시 버스 이용이 편리합니다.

이 버스는 ____________ 갑니까?
Does this bus go ____________?
¿Va este autobús ____________?
바 에스떼 아우또부스

□	공원에	to the park	al parque	알 빠르께
□	아또차역에	to Atocha station	a la estación de Atocha	알 라 에스따씨온 데 아또차
□	공항에	to the airport	al aeropuerto	알 아에로뿌에르또

Q : 버스승강장은 어디에 있습니까?
Where's the bus stop?
¿Dónde está la parada de autobús?
돈데 에스따 라 빠라다 데 아우또부스

A : 어디에 가십니까?
Where're you going?
¿A dónde va?
아 돈데 바

✈ 어디서 버스 노선도를 얻을 수 있습니까?
Where can I get a bus route map?
¿Dónde puedo conseguir un mapa de autobús?
돈데 뿌에도 꼰세기르 운 마빠 데 아우또부스

✈ 표는 어디서 살 수 있습니까?
Where can I get a ticket?
¿Dónde puedo comprar un billete?
돈데 뿌에도 꼼쁘라르 운 비예떼

✈ 어느 버스를 타면 됩니까?
Which bus do I get on?
¿Qué autobús tengo que coger?
깨 아우또부스 뗑고 깨 꼬헤르

✈ (버스를 가리키며) 미술관행입니까?
To the art museum?
¿Va al museo?
바 알 무세오

✈ 갈아타야 합니까?
Do I have to transfer?
¿Hay que hacer transferencia?
아이 깨 아쎄르 뜨란스페렌씨아

✈ 여기서 내려요.
I'll get off here.
Me bajo aquí.
메 바호 아끼

✈ 버스 터미널은 어디에 있습니까?
Where is the depot?
¿Dónde está la terminal de autobuses?
돈데 에스따 라 떼르미날 데 아우또부세스

✈ 매표소는 어디에 있습니까?
Where is the ticket office?
¿Dónde está la taquilla?
돈데 에스따 라 따끼야

✈ 바르셀로나까지 두 장 주세요.
Two for Barcelona, please.
Dos para Barcelona, por favor.
도스 빠라 바르쎌로나, 뽀르 파보르

✈ 돌아오는 버스는 어디서 탑니까?
Where is the bus stop for going back?
¿Dónde se coge el autobús de regreso?
돈데 세 꼬헤 엘 아우또부스 데 레그레소

✈ 거기에 가는 직행버스는 있나요?
Is there any bus that goes there directly?
¿Hay algún autobús directo desde aquí?
아이 알군 아우또부스 디렉또 데스데 아끼

✈ 도착하면 알려 주세요.
Tell me when we arrive there.
Me avisa cuando lleguemos, por favor.
메 아비사 꾸안도 예개모스, 뽀르 파보르

관광버스

✈ **그라나다를 방문하는 투어는 있습니까?**

Do you have a tour to Granada?

¿Tiene una visita para Granada?

띠에네 우나 비시따 빠라 그라나다

✈ **여기서 예약할 수 있나요?**

Can I make a reservation here?

¿Puedo hacer una reserva desde aquí?

뿌에도 아쎄르 우나 레세르바 데스데 아끼

✈ **버스는 어디서 기다립니까?**

Where do we wait for the bus?

¿Dónde se espera al autobús?

돈데 세 에스뻬라 알 아우또부스

✈ **몇 시에 돌아옵니까?**

What time are we returning?

¿A qué hora regresa?

아 깨 오라 레그레사

✈ **투어는 몇 시에 어디서 시작됩니까?**

When time where does the tour begin?

¿A qué hora comienza la visita?

아 깨 오라 꼬미엔싸 라 비시따

✈ **호텔까지 데리러 와 줍니까?**

Will you pick us up at the hotel?

¿Nos recoge en el hotel?

노스 레꼬헤 엔 엘 오뗄

UNIT 04

지하철을 이용할 때

지하철은 스페인에서는 metro 또는 tren이라고 부릅니다. 시내의 교통체증에 영향을 받지 않는, 싸고 편리한 교통수단이라고 할 수 있습니다. 이용할 때는 미리 노선도로 이용할 노선, 환승역, 하차역을 알아 둡시다. 지역에 따라 치안이 불안한 곳도 있으므로 주의합시다.

__________ 에 가는 것은 무슨 선입니까?

Which line to __________ ?

¿Qué línea va al __________ ?

깨 리네아 바 아 알

□	○○공원	○○Park	parque ○○	빠르깨
□	○○호텔	○○Hotel	hotel○○	오뗄
□	○○백화점	○○department store	gran almacén ○○	그란 알마쎈
□	○○동물원	○○zoo	zoo ○○	쏘오

Q : 이 전철은 솔에 섭니까?

Will this train stop at Sol?

¿Este tren para en Sol?

에스떼 뜨렌 빠라 엔 솔

A : 네, 기본요금은 2유로입니다.

Yes. The minimum fare is 2 Euros.

Si. La tarifa mínima es de 2 euros.

씨. 라 따리파 미니마 에스 데 도스 에우로스

지하철역에서

✈ 지하철 노선도를 주시겠습니까?
May I have a subway map?
¿Me puede dar un plano de metro?
메 뿌에데 다르 운 쁠라노 데 메뜨로

✈ 이 근처에 지하철역이 있습니까?
Is a subway station near here?
¿Hay alguna estación de metro cerca de aquí?
아이 알구나 에스따씨온 데 메뜨로 쎄르까 데 아끼

✈ 표는 어디서 삽니까?
Where can I buy a ticket?
¿Dónde puedo comprar un billete?
돈데 뿌에도 꼼쁘라르 운 비예떼

✈ 자동매표기는 어디에 있습니까?
Where is the ticket machine?
¿Dónde está la máquina de billetes?
돈데 에스따 라 마끼나 데 비예떼스

✈ 까야오로 가려면 어느 선을 타면 됩니까?
Which line should I take to go to Callao?
¿Qué línea tengo que coger para ir a Callao?
께 리네아 뗑고 께 꼬헤르 빠라 이르 아 까야오

✈ 레띠로공원으로 가려면 어디로 나가면 됩니까?
Which exit should I take for Retiro Park?
¿Por dónde tengo que salir para ir al parque del Retiro?
뽀르 돈데 뗑고 께 살리르 빠라 이르 알 빠르께 델 레띠로

✈ A-2 출구로 나가세요.

Take the A-2(two) exit.

Salga por la salida A-2.

살가 뽀르 라 살리다 아 도스

지하철을 탔을 때

✈ 어디서 갈아탑니까?

Where should I change trains?

¿Dónde tengo que hacer transbordo?

돈데 뗑고 깨 아쎄르 뜨란스보르도

✈ 이건 아또차 역에 갑니까?

Is this for Atocha station?

¿Esto va a la estación de Atocha?

에스또 바 알 라 에스따씨온 데 아또차

✈ 고야 역은 몇 번째입니까?

How many stops are there to Goya station?

¿Cuántas paradas son para la estación de Goya?

꾸안따스 빠라다스 손 빠라 라 에스따씨온 데 고야

✈ 다음은 어디입니까?

What's the next station?

¿Cuál es la próxima estación?

꾸알 에스 라 쁘록씨마 에스따씨온

✈ 이 지하철은 세라노 역에 섭니까?

Does this train stop at Serrano station?

¿Este tren se para en la estación Serrano?

에스떼 뜨렌 세 빠라 엔 라 에스따씨온 세라노

이 노선의 종점은 어디입니까?

Where's the end of this line?

¿Cuál es la última parada de esta línea?

꾸알 에스 라 울띠마 빠라다 데 에스따 리네아

지금 어디 근처입니까?

Where are we now?

¿Dónde estamos?

돈데 에스따모스

다음은 바라하스 공항입니까?

Is the next stop Barajas Airport?

¿Es la próxima parada el Aeropuerto de Barajas?

에스 라 쁘록씨마 빠라다 엘 아에로뿌에르또 데 바라하스

표를 잃어버렸습니다.

I lost my ticket.

He perdido mi billete.

에 뻬르디도 미 비예떼

지하철에 가방을 두고 내렸습니다.

I left my bag in a subway.

Me he dejado el bolso en el metro.

메 에 데하도 엘 볼소 엔 엘 메뜨로

세라노에서 탔습니다.

I took a train from Serrano.

Subí al tren en Serrano.

수비 알 뜨렌 엔 세라노

UNIT 05

열차를 이용할 때

스페인은 버스망이 워낙 잘 되어 있어 버스를 많이 이용하지만, 중장거리 이동에는 아무래도 기차가 편한 것이 사실입니다. 특히 외국인용 할인티켓은 그 나라에서 살 수 없는 경우가 있으므로 철도여행 계획이 있는 경우에는 미리 한국에서 구입해 둡시다.

_________ ○○–○○ 표 두 장 주세요.

Two _________ tickets from ○○ to ○○, please.

Dos billetes de _________ para ○○-○○, por favor.

도스 비예떼스 데 _________ 빠라 ○○–○○, 뽀르 파보르

□ 편도	one-way	ida	이다
□ 왕복	round-trip	ida y vuelta	이다 이 부엘따
□ 1등석	first class	primera clase	쁘리메라 끌라세
□ 특등석	green class	clase verde	끌라세 베르데

Q : 시간표를 보여 주시겠어요?

May I see a timetable?

¿Me podría enseñar un horario?

메 뽀드리아 엔세냐르 운 오라리오

A : 저기에 게시되어 있습니다.

Here's one posted over there.

Allí hay uno.

아지 아이 우노

표를 구입할 때

매표소는 어디입니까?
Where's the ticket window?
¿Dónde hay una taquilla?
돈데 아이 우나 따끼야

바르셀로나까지 편도 주세요.
A single to Barcelona, please.
Un billete de ida a Barcelona, por favor.
운 비예떼 데 이다 아 바르쎌로나, 뽀르 파보르

9시 급행 표를 주세요.
Tickets on express at nine, please.
Un billete para el tren expreso de las nueve, por favor.
운 비예떼 빠라 엘 뜨렌 엑쓰쁘레소 델 라스 누에베, 뽀르 파보르

예약 창구는 어디입니까?
Which window can I reserve a seat at?
¿En qué taquilla puedo hacer una reserva?
엔 깨 따끼야 뿌에도 아쎄르 우나 레세르바

1등석을 주세요.
First class, please.
Primera clase, por favor.
쁘리메라 끌라세, 뽀르 파보르

더 이른[늦은] 열차는 있습니까?
Do you have an earlier[a later] train?
¿Hay un tren más temprano[tarde]?
아이 운 뜨렌 마스 뗌쁘라노[따르데]?

✈ 급행열차입니까?

Is it an express train?

¿Es un tren expreso?

에스 운 뜨렌 엑스쁘레소

✈ 어디서 갈아탑니까?

Where should we change trains?

¿Dónde se hace el transbordo?

돈데 세 아쎄 엘 뜨란스보르도

열차를 탈 때

✈ 3번 홈은 어디입니까?

Where is platform No. 3?

¿Dónde está la plataforma número 3?

돈데 에스따 랴 쁠라따포르마 누메로 뜨레스

✈ 똘레도행 열차는 어디입니까?

Where's the train for Toledo?

¿Dónde está el tren para Toledo?

돈데 에스따 엘 뜨렌 빠라 똘레도

✈ 이건 바르셀로나행입니까?

Is this for Barcelona?

¿Esto va a Barcelona?

에스또 바 아 바르쎌로나

✈ (표를 보여 주며) 이 열차 맞습니까?

Is this my train?

¿Es este mi tren?

에스 에스떼 미 뜨렌

✈ 이 열차는 예정대로 출발합니까?

Is this train on schedule?

¿Este tren sale a tiempo?

에스떼 뜨렌 살레 아 띠엠뽀

✈ 도중에 하차할 수 있습니까?

Can I have a stopover?

¿Puedo hacer escala?

뿌에도 아쎄르 에스깔라

✈ 열차를 놓쳤습니다.

I missed my train..

Perdí el tren.

뻬르디 엘 뜨렌

열차 안에서

✈ 거기는 제 자리입니다.

That's my seat.

Ese es mi sitio.

에세 에스 미 시띠오

✈ 이 자리는 비어 있나요?

Is this seat taken?

¿Está ocupado?

에스따 오꾸빠도

✈ 창문을 열어도 되겠습니까?

May I open the window?

¿Puedo abrir la ventana?

뿌에도 아브리르 라 벤따나

✈ 식당차는 어디에 있습니까?

Where's the dining car?

¿Dónde está el vagón del restaurante?

돈데 에스따 엘 바곤 델 레스따우란떼

✈ (여객전무) 도와드릴까요?

May I help you?

¿Puedo ayudarle?

뿌에도 아유다를레

✈ 바르셀로나까지 몇 시간 걸립니까?

How many hours to Barcelona?

¿Cuánto se tarda hasta Barcelona?

꾸안또 세 따르다 아스따 바르쎌로나

✈ 표를 보여 주십시오.

May I see your ticket?

¿Puedo ver su billete?

뿌에도 베르 수 비예떼

✈ 네, 여기 있습니다.

Here it is.

Sí, aquí está.

씨, 아끼 에스따

✈ 잠시 기다려 주십시오.

Just a minute, please.

Un minuto, por favor.

운 미누또, 뽀르 파보르

✈ 여기는 무슨 역입니까?

What station is this?

¿Qué parada es esta?

깨 빠라다 에스 에스따

다음 역은 무슨 역입니까?

What's the next station?

¿Cuál es la próxima parada?

꾸알 에스 라 쁘록씨마 빠라다

문제가 생겼을 때

표를 잃어버렸습니다.

I lost my ticket.

Perdí mi billete.

뻬르디 미 비예떼

어디에서 탔습니까?

Where did you get on?

¿Dónde subió?

돈데 수비오

내릴 역을 지나쳤습니다.

I missed my station.

Me pasé de estación.

메 빠세 데 에스따씨온

이 표는 아직 유효합니까?

Is this ticket still valid?

¿Este billete es válido aún?

에스떼 비예떼 에스 발리도 아운

UNIT 06

비행기를 이용할 때

항공기를 설령 예약해 두었더라도 여행지 또는 환승지에 3일 이상 체류하는 경우에는 출발 72시간 전에 다음 목적지까지의 예약을 항공사에 재확인해야 합니다(confirmar). 재확인을 하지 않으면 예약이 자동으로 취소되거나 예약이 되어 있지 않는 경우도 있습니다.

(비행기 좌석) ____________ (으)로 부탁합니다.

____________ , please.

____________ , por favor.

뽀르 파보르

□ 금연석	Non-smoking	No fumadores	노 푸마도레스
□ 흡연석	Smoking seat	Fumadores	푸마도레스
□ 창가자리	Window seat	Ventana	벤따나
□ 통로석	Aisle seat	Pasillo	빠시요

Q : 여보세요. 이베리아항공입니다.

Hello. This is Iberia Airlines.

Hola, es Iberia Airlines.

올라, 에스 이베리아 에얼라인스

A : 예약을 재확인하고 싶은데요.

I'd like to reconfirm my flight.

Quisiera confirmar mi vuelo.

끼시에라 꼰피르마르 미 부엘로

항공권 예약

비행기 예약을 부탁합니다.
I'd like to reserve a flight.
Quisiera reservar un vuelo.
끼시에라 레세르바르 운 부엘로

내일 이비자행 비행기 있습니까?
Do you have a flight to Ibiza.
¿Hay un vuelo para Ibiza mañana?
아이 운 부엘로 빠라 이비싸 마냐나

(더) 일찍 가는 비행기로 부탁합니다.
I'd like an earlier flight.
Quisiera un vuelo más temprano.
끼시에라 운 부엘로 마스 뗌쁘라노

더 늦게 가는 비행기로 부탁합니다.
I'd like a later flight.
Quisiera un vuelo más tarde.
끼시에라 운 부엘로 마스 따르데

성함과 편명을 말씀하십시오.
What's your name and flight number?
¿Me dice su nombre y número de vuelo?
메 디쎄 수 놈브레 이 누메로 데 부엘로

출발 시간을 확인하고 싶은데요.
I'd like to make sure of the time it leaves.
Quisiera confirmar la hora de salida.
끼시에라 꼰피르마르 라 오레 데 살리다

✈ 이베리아항공 카운터는 어디입니까?
Where's the Iberia Airlines counter?
¿Dónde está el mostrador de Iberia Airlines?
돈데 에스따 엘 모스뜨라도르 데 이베리아 에얼라인스

✈ 지금 체크인할 수 있습니까?
Can I check in now?
¿Puedo hacer check-in ahora?
뿌에도 아쎄르 체낀 아오라

✈ 항공권은 가지고 계십니까?
Do you have a ticket?
¿Tiene el billete?
띠에네 엘 비예떼

✈ 예, 여기 있습니다.
Here it is.
Sí, aquí tiene.
씨, 아끼 띠에네

✈ 금연석 통로 쪽으로 부탁합니다.
An aisle seat in the non-smoking section, please.
En el pasillo de no fumadores, por favor.
엔 엘 빠시요 데 노 푸마도레스, 뽀르 파보르

✈ 이 짐은 기내로 가지고 갑니다.
This is a carry-on bag.
Es equipaje de mano.
에스 에끼빠헤 데 마노

✈ 요금은 어떻게 됩니까?

What's the fare?

¿Cuál es la tarifa?

꾸알 에스 라 따리파

✈ 몇 번 출구로 나가면 됩니까?

Which gate should I go to?

¿A qué salida tengo que ir?

아 깨 살리다 뗑고 깨 이르

✈ 이건 발렌시아행 출구입니까?

Is this the gate to Valencia?

¿Es esta la salida para Valencia?

에스 에스따 라 살리다 빠라 발렌씨아

✈ 비행은 예정대로 출발합니까?

Is the flight on time?

¿El vuelo sale a tiempo?

엘 부엘로 살레 아 띠엠뽀

✈ 이 짐을 맡길게요.

I'll check this baggage.

Voy a facturar este equipaje.

보이 아 팍뚜라르 에스떼 에끼빠헤

✈ 탑승이 시작되었나요?

Has boarding begun?

¿Ha empezado el embarque?

아 엠뻬싸도 엘 엠바르깨

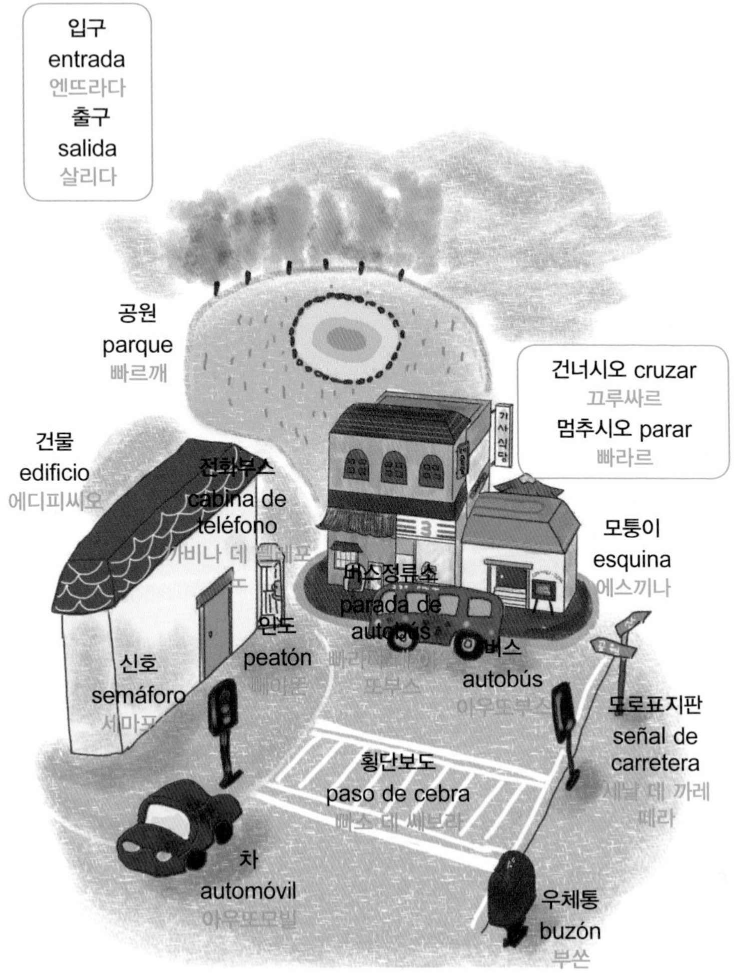

입구
entrada
엔뜨라다
출구
salida
살리다
공원
parque
빠르깨
건너시오 cruzar
끄루싸르
멈추시오 parar
빠라르
건물
edificio
에디피씨오
전화부스
cabina de
teléfono
모퉁이
esquina
에스끼나
버스정류소
parada de
autobús
인도
peatón
버스
autobús
아우또부스
신호
semáforo
도로표지판
señal de
carretera
세냘 데 까레
떼라
횡단보도
paso de cebra
빠소 데 쎄브라
차
automóvil
아우또모빌
우체통
buzón
부쏜

도로표지판			
양보	YIELD	Ceder	쎄데르
일시정지	STOP	Stop/Alto/Pare	스똡/ 알또/ 빠레
우측통행	KEEP RIGHT	Mantenga su derecha	만뗑가 수 데레차
추월금지	DO NOT PASS	No pasar	노 빠사르
진입금지	DO NOT ENTER	No entrar	노 엔뜨라르
제한속도	SPEED LIMIT	Límite de velocidad	리미떼 데 벨로씨닫
일방통행	ONE WAY	Dirección única	디렉씨온 우니까
주차금지	NO PARKING	No aparcar	노 아빠르까르

UNIT 07

렌터카를 이용할 때

렌터카를 빌릴 때는 여권과 국제면허증이 필요합니다. 만일을 대비하여 보험도 잊지 말고 꼭 들어 둡시다. 관광시즌에는 한국에서 출발하기 전에 미리 렌터카 회사에 예약해 두는 게 좋습니다. 신청할 때는 지불보증으로써 신용카드를 요구하는 경우가 많으므로 카드를 준비해 둡시다.

_____ 차를 1주일간 빌리고 싶은데요.

_____ car for a week, please.

Quisiera alquilar un coche _____ para una semana, por favor.

끼시에라 알낄라르 운 꼬체 빠라 우나 세마나, 뽀르 파보르

□ 소형	A compact	compacto	꼼빡또
□ 중형	A mid-size	mediano	메디아노
□ 대형	A large	grande	그란데
□ 오토매틱	An automatic	automático	아우또마띠꼬

Q : 차를 빌리고 싶은데요.

I'd like to rent a car.

Quisiera alquilar un coche.

끼시에라 알낄라르 운 꼬체

A : 어떤 차가 좋겠습니까?

What kind of car do you want?

¿Qué tipo de coche desea?

깨 띠뽀 데 꼬체 데세아

렌터카를 이용할 때

✈ (공항에서) 렌터카 카운터는 어디에 있습니까?

Where's the rent-a-car counter?

¿Dónde está el mostrador de alquiler de coches?

돈데 에스따 엘 모스뜨라도르 데 알낄레르 데 꼬체스

✈ 예약을 한 사람인데요.

I have a reservation.

Tengo una reserva.

뗑고 우나 레세르바

✈ 어느 정도 운전할 예정이십니까?

How long will you need it?

¿Cuánto tiempo lo necesita?

꾸안또 띠엠뽀 로 네쎄시따

✈ 1주간입니다.

For a week.

Una semana.

우나 세마나

✈ 차를 3일간 빌리고 싶습니다.

I'd like to rent a car for three days.

Quisiera alquilar un coche para tres días.

끼시에라 알낄라르 운 꼬체 빠라 뜨레스 디아스

✈ 이것이 제 국제운전면허증입니다.

Here's my international driver's license.

Aquí está mi permiso de conducir internacional.

아끼 에스따 미 뻬르미소 데 꼰두씨르 인떼르나씨오날

차종을 고를 때

✈ 어떤 차가 있습니까?

What kind of cars do you have?

¿Qué tipo de coches tiene?

깨 띠뽀 데 꼬체스 띠에네

✈ 렌터카 목록을 보여 주시겠어요?

Can I see your rent-a-car list?

¿Puedo ver su lista de alquiler de coches?

뿌에도 베르 수 리스따 데 알낄레르 데 꼬체스

✈ 어떤 타입의 차가 좋으시겠습니까?

What type of car would you like?

¿Qué tipo de coche desea?

깨 띠뽀 데 꼬체 데세아

✈ 중형차를 빌리고 싶은데요.

I'd like a mid-size car.

Quisiera un coche mediano.

끼시에라 운 꼬체 메디아노

✈ 오토매틱밖에 운전하지 못합니다.

I can only drive an automatic.

Solo puedo conducir un coche automático.

솔로 뿌에도 꼰두씨르 운 꼬체 아우또마띠꼬

✈ 오토매틱 스포츠카를 부탁합니다.

I'd like an automatic sports car.

Quisiera un coche deportivo automático.

끼시에라 운 꼬체 데뽀르띠보 아우또마띠꼬

렌터카 요금과 보험

선불이 필요합니까?
Do I need a deposit?
¿Hay que poner depósito?
아이 께 뽀네르 데뽀시또

보증금은 얼마입니까?
How much is the deposit?
¿Cuánto es el depósito?
꾸안또 에스 엘 데뽀시또

1주간 요금은 얼마입니까?
What's the rate per week?
¿Cuál es la tarifa semanal?
꾸알 에스 라 따리파 세마날

특별요금은 있습니까?
Do you have any special rates?
¿Tiene alguna tarifa especial?
띠에네 알구나 따리파 에스뻬씨알

그 요금에 보험은 포함되어 있습니까?
Does the price include insurance?
¿El precio incluye el seguro?
엘 쁘레씨오 잉끌루예 엘 세구로

종합보험을 들어 주십시오.
With comprehensive insurance, please.
Con seguro a todo riesgo, por favor.
꼰 세구로 아 또도 리에스고, 뽀르 파보르

UNIT **08**

차를 운전할 때

스페인은 로터리가 아주 많습니다. 로터리 신호등에 신경 쓰면서 운전에 유의해야 합니다. 스페인은 고속도로에도 속도제한이 있으므로 표지판을 확인하여 속도 조절을 해야 합니다.

차의 ________ 이(가) 이상합니다.

The ________ isn't[aren't] working right.

________ del coche no funciona bien.

델 꼬체 노 푼씨오나 비엔

□ 엔진	engine	El Motor	엘 모또르
□ 배터리	battery	La Batería	라 바떼리아
□ 액셀러레이터	accelerator	El Acelerador	엘 아쎌레라도르
□ 브레이크	brakes	El Freno	엘 프레노

Q : (기름을) 가득 채워 주세요.

Fill it up, please.

Lleno, por favor.

예노, 뽀르 파보르

A : 잠시 기다리십시오.

I'll be right with you.

Ahora estoy con usted.

아오라 에스또이 꼰 우스뗻

긴급 연락처를 알려 주시겠어요?
Where should I call in case of an emergency?
¿Me da un número de contacto de emergencia?
메 다 운 누메로 데 꼰딱또 데 에메르헨씨아

도로지도를 주시겠습니까?
Can I have a road map?
¿Me da un mapa de carreteras?
메 다 운 마빠 데 까레떼라스

아빌라는 어느 길로 가면 됩니까?
Which way to Ávila?
¿Cómo se va a Ávila?
꼬모 세 바 아 아빌라

5호선으로 남쪽으로 가세요.
Take the 5 South.
Tome la carretera 5 al sur.
또메 라 까레떼라 씽꼬 알 수르

곧장입니까, 아니면 왼쪽입니까?
Straight? Or to the left?
¿Recto o a la izquierda?
렉또 오 알 라 이쓰끼에르다

세비야까지 몇 킬로미터입니까?
How many kilometers to Sevilla?
¿Cuántos kilómetros son para Sevilla?
꾸안또스 낄로메뜨로스 손 빠라 세비야

✈ 차로 에르모소산까지 어느 정도 걸립니까?
How far is it to Hermoso Mountain by car?
¿A cuánto está el monte Hermoso en coche?
아 꾸안또 에스따 엘 몬떼 에르모소 엔 꼬체

✈ 가장 가까운 교차로는 어디입니까?
What's the nearest intersection?
¿Dónde está la intersección más cercana?
돈데 에스따 라 인떼르섹씨온 마스 쎄르까나

주유 · 주차할 때

✈ 이 근처에 주유소가 있습니까?
Is there a gas station near by?
¿Hay alguna gasolinera cerca de aquí?
아이 알구나 가솔리네라 쎄르까 데 아끼

✈ 가득 넣어 주세요.
Fill it up, please.
Lleno, por favor.
예노, 뽀르 파보르

✈ 선불입니까, 후불입니까?
Do I pay now or later?
¿Es pago por adelantado o pago contrareembolso?
에스 빠고 뽀르 아델란따도 오 빠고 꼰뜨라레엠볼

✈ 여기에 주차해도 됩니까?
Can I park my car here?
¿Se puede aparcar aquí?
세 뿌에데 아빠르까르 아끼

차 트러블

- 배터리가 떨어졌습니다.
  The battery is dead.
  La batería está descargada.
  라 바떼리아 에스따 데스까르가다

- 펑크가 났습니다.
  I got a flat tire.
  Tengo una llanta desinflada.
  뗑고 우나 잔따 데신플라다

- 시동이 걸리지 않습니다.
  I can't start the engine.
  No puedo arrancar.
  노 뿌에도 아란까르

- 브레이크가 잘 안 듣습니다.
  The brakes don't work properly.
  El freno no funciona bien.
  엘 프레노 노 푼씨오나 비엔

- 고칠 수 있습니까?
  Can you repair it?
  ¿Puede arreglarlo?
  뿌에데 아레그라를로

- 차를 돌려 드리겠습니다.
  I'll return the car.
  Devolveré el coche.
  데볼베레 엘 꼬체

거리에서 볼 수 있는 게시판		
주의	Atención	아뗀씨온
발밑 주의	Cuidado con el paso	꾸이다도 꼰 엘 빠소
머리 조심	Cuidado con la cabeza	꾸이다도 꼰 라 까베싸
위험	Peligro	뻴리그로
건너지 마시오	No cruzar	노 끄루싸르
건너시오	Cruzar	끄루싸르
무단 침입금지	Prohibido el paso	쁘로이비도 엘 빠소
페인트 주의	Cuidado con la pintura	꾸이다도 꼰 라 삔뚜라
고장	Averiado	아베리아도
사용중지	Prohibido el uso	쁘로이비도 엘 우소
주차금지	Prohibido aparcar	쁘로이비도 아빠르까르
주차장	Aparcamiento	아빠르까미엔또
정차금지	Prohibido parar	쁘로이비도 빠라르
잔디에 들어가지 마시오	No pisar la hierba	노 삐사르 라 이에르바
출입금지	Prohibido entrar	쁘로이비도 엔뜨라르
통행금지	Acceso prohibido	악쎄소 쁘로이비도
일방통행	Dirección única	디렉씨온 우니까
출구	Salida	살리다
갈아타는 곳	Conexión	꼬넥씨온
매표소	Taquilla	따끼야

PART 6

관 광

Travel Information

스페인의 대표 관광지

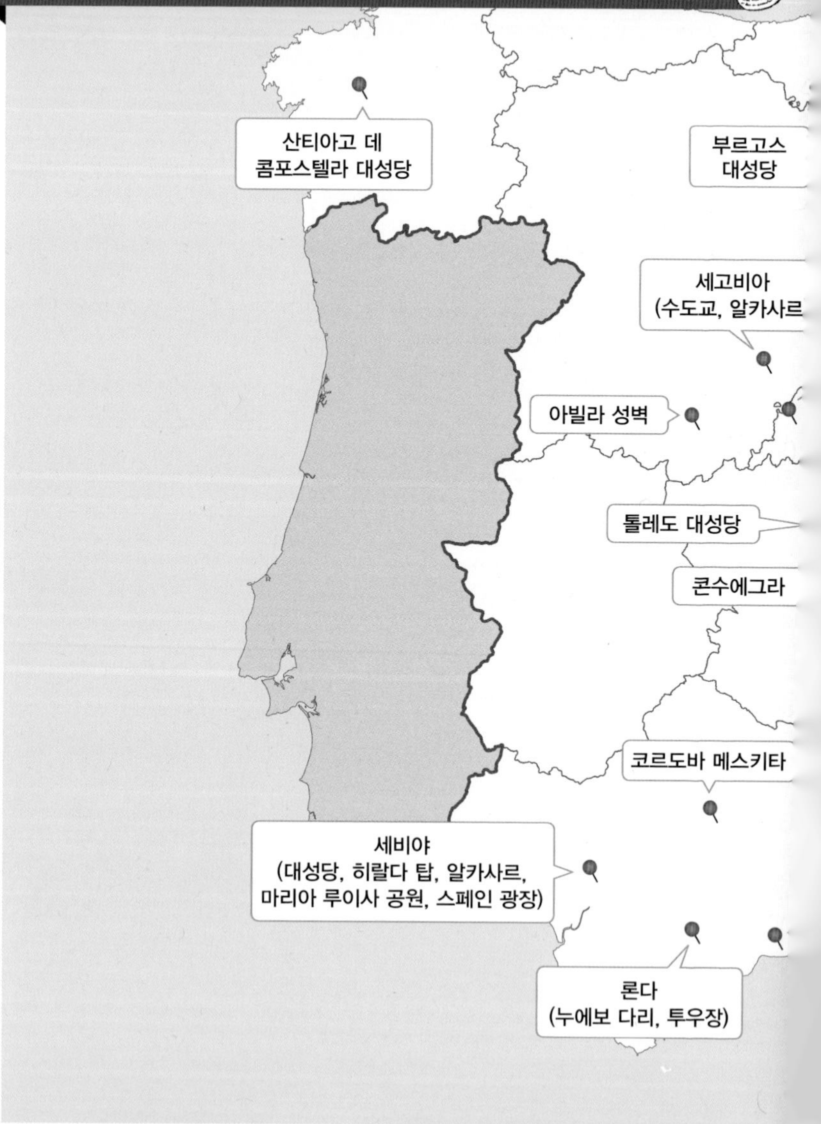

몬세라트 수도원
에스코리알 수도원
바르셀로나
(가우디 투어, 몬주익 언덕,
캄프누, 람블라 거리,
보케리아 시장, 피카소 미술관)
마드리드
(왕궁, 알무데나 대성당, 그란 비아, 시벨레스
광장, 프라도 미술관, 레이나 소피아 미술관,
부엔 레티노 공원, 산티아고 베르베나우)
발렌시아
(대성당,
도자기 박물관)
알람브라 궁전
말라가
(히브랄파로 성,
알카사바,
피카소 박물관)
가라치코

UNIT **01**

관광안내소에서

관광의 첫걸음은 관광안내소에서 시작됩니다. 대부분이 시내의 중심부에 있는 볼거리 소개부터 버스 예약까지 여러 가지 서비스를 하고 있습니다. 무료의 시내지도, 지하철, 버스 노선도 등이 구비되어 있는 경우가 많으므로 정보수집에 매우 편리합니다.

________ 투어는 있나요?
Do you have a ________ tour?
¿Tiene una visita ________ ?
띠에네 우나 비시따

□	1일	full day	de jornada completa	데 호르나다 꼼쁠레따
□	반나절	half-day	de media jornada	데 메디아 호르나다
□	야간	night	nocturna	녹뚜르나
□	당일치기	come back in a day	de un día	데 운 디아

Q : 마드리드를 관광하고 싶은데요.
I'd like to see the sights of Madrid.
Quisiera hacer una visita por Madrid.
끼시에라 아쎄르 우나 비시따 뽀르 마드릳

A : 투어에 참가하시겠습니까?
Are you interested in a tour?
¿Está interesado en hacer una visita?
에스따 인떼레사도 엔 아쎄르 우나 비시따

✈ **관광안내소는 어디에 있습니까?**
Where is the tourist information office?
¿Dónde está la oficina de información turística?
돈데 에스따 라 오피씨나 데 인포르마씨온 뚜리스띠까

✈ **이 도시의 관광안내 팸플릿이 있습니까?**
Do you have a sightseeing brochure for this town?
¿Tiene folletos de información turística de la ciudad?
띠에네 포예또스 데 인포르마씨온 뚜리스띠까 델 라 씨우닫

✈ **무료 시내지도는 있습니까?**
Do you have a free city map?
¿Tiene un mapa de la ciudad gratuita?
띠에네 운 마빠 델 라 씨우닫 그라뚜이따

✈ **관광지도를 주시겠어요?**
Can I have a sightseeing map?
¿Me podría dar un mapa turístico?
메 뽀드리아 다르 운 마빠 뚜리스띠꼬

✈ **여기서 볼만한 곳을 가르쳐 주시겠어요?**
Could you recommend some interesting places?
¿Me podría recomendar algunos sitios interesantes?
메 뽀드리아 레꼬맨다르 알구노스 시띠오스 인떼레산떼스

✈ **당일치기로 어디에 갈 수 있습니까?**
Where can I go for a day trip?
¿A dónde se puede ir para un viaje de un día?
아 돈데 세 뿌에데 이르 빠라 운 비아헤 데 운 디아

✈ 경치가 좋은 곳을 아십니까?

Do you know a place with a nice view?

¿Conoce algún lugar con buena vista?

꼬노쎄 알군 루가르 꼰 부에나 비스따

✈ 젊은 사람이 가는 곳은 어디입니까?

Where's good place for young people?

¿Dónde recomienda para jóvenes?

돈데 레꼬미엔다 빠라 호베네스

✈ 거기에 가려면 투어에 참가해야 합니까?

Do I have to join a tour to go there?

¿Tengo que ir en grupo para visitar el lugar?

뗑고 깨 이르 엔 그루뽀 빠라 비시따르 엘 루가르

✈ 유람선은 있습니까?

Are there any sightseeing boats?

¿Hay visitas turísticas en barco?

아이 비시따스 뚜리스띠까스 엔 바르꼬

✈ 여기서 표를 살 수 있습니까?

Can I buy a ticket here?

¿Puedo comprar el billete aquí?

뿌에도 꼼쁘라르 엘 비예떼 아끼

✈ 할인 티켓은 있나요?

Do you have some discount tickets?

¿Hay billetes con descuento?

아이 비예떼스 꼰 데스꾸엔또

✈ 지금 축제는 하고 있나요?

Are there any festivals now?

¿Hay algún festival ahora?

아이 알군 페스띠발 아오라

✈ 벼룩시장 같은 것은 있나요?

Is there a flea market or something?

¿Hay algún mercadillo?

아이 알군 메르까디요

거리 · 시간 등을 물을 때

✈ 여기서 멉니까?

Is it far from here?

¿Está lejos de aquí?

에스따 레호스 데 아끼

✈ 여기서 걸어서 갈 수 있습니까?

Can I walk down there?

¿Se puede ir a pie desde aquí?

세 뿌에데 이르 아 삐에 데스데 아끼

✈ 왕복으로 어느 정도 시간이 걸립니까?

How long does it take to get there and back?

¿Cuánto se tarda en ir y volver?

꾸안또 세 따르다 엔 이르 이 볼베르

✈ 버스로 갈 수 있습니까?

Can I go there by bus?

¿Puedo ir en autobús?

뿌에도 이르 엔 아우또부스

투어를 이용할 때

✈ 관광버스 투어는 있습니까?

Is there a sightseeing bus tour?

¿Hay alguna visita turística en autobús?

아이 알구나 비시따 뚜리스띠까 엔 아우또부스

✈ 어떤 투어가 있습니까?

What kind of tours do you have?

¿Qué tipo de visitas tiene?

깨 띠뽀 데 비시따스 띠에네

✈ 어디서 관광투어를 신청할 수 있습니까?

Where can I book a sightseeing tour?

¿Dónde puedo reservar una excursión turística?

돈데 뿌에도 레세르바르 우나 엑쓰꾸르시온 뚜리스띠까

✈ 투어는 매일 있습니까?

Do you have tours every day?

¿Hay excursiones turísticas todos los días?

아이 엑쓰꾸르시오네스 뚜리스띠까스 또도스 로스 디아스

✈ 오전[오후] 코스는 있습니까?

Is there a morning[afternoon] tour?

¿Hay un recorrido por la mañana[tarde]?

아이 운 레꼬리도 뽀를 라 마냐나[따르데]

✈ 야간관광은 있습니까?

Do you have a night tour?

¿Hay una excursión nocturna?

아이 우나 엑쓰꾸르시온 녹뚜르나

✈ 투어는 몇 시간 걸립니까?
How long does it take to complete the tour?
¿Cuánto se tarda la excursión completa?
꾸안또 세 따르다 라 엑쓰꾸르시온 꼼쁠레따

✈ 식사는 나옵니까?
Are any meals included?
¿Está la comida incluida?
에스따 라 꼬미다 잉끌루이다

✈ 몇 시에 출발합니까?
What time do you leave?
¿A qué hora sale?
아 깨 오라 살레

✈ 어디서 출발합니까?
Where does it start?
¿De dónde sale?
데 돈데 살레

✈ 한국어 가이드는 있나요?
Do we have Korean-speaking guide?
¿Tiene un guía que hable coreano?
띠에네 운 기아 깨 아블레 꼬레아노

✈ 요금은 얼마입니까?
How much is it?
¿Cuál es la tarifa?
꾸알 에스 라 따리파

UNIT **02**

관광지에서

미술관이나 박물관은 휴관일을 확인하고 나서 예정을 잡읍시다. 요일에 따라서 개관을 연장하거나 할인요금이나 입장료가 달라지는 곳도 있으므로 가이드북을 보고 확인합시다. 교회나 성당은 관광지이기 전에 신성한 종교 건물입니다. 들어갈 때 정숙하지 못한 복장이나 소란은 삼가야 합니다.

____________ 은(는) 어느 정도입니까?

How ____________ is it?

¿Cuánto es de ____________ ?

꾸안또 에스 데

□ 높이	high	alto	알또
□ 넓이	large	amplitud	암쁠리뚣
□ 역사(오래됨)	old	antiguo	안띠구오
□ 길이	long	largo	라르고

Q : 오늘 투어에 참가할 수 있습니까?

Can I join today's tour?

¿Puedo apuntarme a la excursión de hoy?

뿌에도 아뿐따르메 알 라 엑쓰꾸르시온 데 오이

A : 죄송합니다만, 미리 예약을 하셔야 합니다.

Sorry, you have to book it in advance.

Lo siento, tiene que reservar con antelación.

로 씨엔또, 띠에네 깨 레세르바르 꼰 안뗄라씨온

저것은 무엇입니까?
What is that?
¿Qué es eso?
깨 에스 에소

저것은 무슨 강[산]입니까?
What is the name of that river[mountain]?
¿Cuál es el nombre de ese río[esa montaña]?
꾸알 에스 엘 놈브레 데 에세 리오[에사 몬따냐]

여기서 얼마나 머뭅니까?
How long do we stop here?
¿Cuánto tiempo nos paramos aquí?
꾸안또 띠엠뽀 노스 빠라모스 아끼

시간은 어느 정도 있습니까?
How long do we have?
¿Cuánto tiempo tenemos?
꾸안또 띠엠뽀 떼네모스

자유시간은 있나요?
Do we have any free time?
¿Tenemos tiempo libre?
떼네모스 띠엠뽀 리브레

몇 시에 버스로 돌아오면 됩니까?
By what time should I be back to the bus?
¿A qué hora tenemos que volver al autobús?
아 깨 오라 떼네모스 깨 볼베르 알 아우또부스

✈ 전망대는 어떻게 오릅니까?
How can I get up to the observatory?
¿Cómo puedo subir al mirador?
꼬모 뿌에도 수비르 알 미라도르

✈ 저 건물은 무엇입니까?
What is that building?
¿Qué es ese edificio?
깨 에스 에세 에디피씨오

✈ 누가 여기에 살았습니까?
Who lived here?
¿Quién vivió aquí?
끼엔 비비오 아끼

✈ 언제 세워졌습니까?
When was it built?
¿Cuándo fue construido?
꾸안도 푸에 꼰스뜨루이도

✈ 퍼레이드는 언제 있습니까?
What time do you have the parade?
¿A qué hora es el desfile?
아 깨 오라 에스 엘 데스필레

✈ 몇 시에 돌아와요?
What time will we come back?
¿A qué hora volvemos?
아 깨 오라 볼베모스

그림엽서는 어디서 삽니까?
Where can I buy picture postcards?
¿Dónde venden postales?
돈데 벤덴 뽀스딸레스

그림엽서는 있습니까?
Do you have picture postcards?
¿Tiene postales?
띠에네 뽀스딸레스

기념품 가게는 어디에 있습니까?
Where is the gift shop?
¿Dónde hay una tienda de regalos?
돈데 아이 우나 띠엔다 데 레갈로스

기념품으로 인기 있는 것은 무엇입니까?
Could you recommend something popular for a souvenir?
¿Puede recomendar algo popular para un recuerdo?
뿌에데 레꼬멘다르 알고 뽀뿔라르 빠라 운 레꾸에르도

뭔가 먹을 만한 곳은 있습니까?
Is there a place where I can eat something?
¿Hay algún sitio para comer?
아이 알군 시띠오 빠라 꼬메르

이 박물관의 오리지널 상품입니까?
Is it an original to this museum?
¿Es un producto original del museo?
에스 운 쁘로둑또 오리히날 델 무세오

UNIT 03

관람을 할 때

그 도시의 정보지 등에서 뮤지컬이나, 연극, 콘서트 등 보고 싶은 것을 찾아서 호텔의 인포메이션이나 관광안내소에서 예약해 두는 것이 좋습니다. 표는 극장의 창구에서 사는 것이 가장 확실합니다. 적어도 공연의 3일 전쯤에는 예매해 두어야 합니다.

지금 인기 있는 ________ 은(는) 무엇입니까?
What's the most popular ________ now?
¿Cuál es ________ más popular ahora?
꾸알 에스 마스 뽀뿔라르 아오라

□	영화	movie	la película	라 뻴리꿀라
□	오페라	opera	la ópera	라 오뻬라
□	뮤지컬	musical	el musical	엘 무시깔
□	연극	play	la obra de teatro	라 오브라 데 떼아뜨로

Q : 우리들 자리는 어디죠?
Where're the seats?
¿Dónde están los asientos?
돈데 에스딴 로스 아씨엔또스

A : 안내해 드리겠습니다.
Please follow me.
Sígame, por favor.
시가메, 뽀르 파보르

입장권을 구입할 때

✈ **티켓은 어디서 삽니까?**

Where can I buy a ticket?

¿Dónde puedo comprar la entrada?

돈데 뿌에도 꼼쁘라르 라 엔뜨라다

✈ **입장은 유료입니까?**

Is there a charge for admission?

¿Cobran la entrada?

꼬브란 라 엔뜨라다

✈ **입장권은 얼마입니까?**

How much is the admission fee?

¿Cuánto es la entrada?

꾸안또 에스 라 엔뜨라다

✈ **어른 2장 주세요.**

Two adult, please.

Dos adultos, por favor.

도스 아둘또스, 뽀르 파보르

✈ **학생 1장 주세요.**

One student, please.

Un estudiante, por favor.

운 에스뚜디안떼, 뽀르 파보르

✈ **단체할인은 있습니까?**

Do you have a group discount?

¿Tiene un descuento de grupo?

띠에네 운 데스꾸엔또 데 그루뽀

미술관에서

✈ 이 티켓으로 모든 전시를 볼 수 있습니까?

Can I see everything with this ticket?

¿Puedo ver toda la exposición con esta entrada?

뿌에도 베르 또다 라 엑쓰뽀시씨온 꼰 에스따 엔뜨라다

✈ 무료 팸플릿은 있습니까?

Do you have a free brochure?

¿Tiene folletos gratis?

띠에네 포예또스 그라띠스

✈ 짐을 맡아 주세요.

I'd like to check this baggage.

Quisiera dejar el equipaje.

끼시에라 데하르 엘 에끼빠헤

✈ 특별전을 하고 있습니까?

Are there any temporary exhibitions?

¿Hay alguna exposición temporal?

아이 알구나 엑쓰뽀시씨온 뗌뽀랄

✈ 관내를 안내할 가이드는 있습니까?

Is there anyone who can guide me?

¿Hay algún guía?

아이 알군 기아

✈ 이 그림은 누가 그렸습니까?

Who painted this picture?

¿Quién pintó este dibujo?

끼엔 삔또 에스떼 디부호

박물관에서

✈ 그 박물관은 오늘 엽니까?

Is the museum open today?

¿Abren el museo hoy?

아브렌 엘 무세오 오이

✈ 단체할인은 있나요?

Do you have a group discount?

¿Tiene un descuento de grupo?

띠에네 운 데스꾸엔또 데 그루뽀

✈ 재입관할 수 있습니까?

Can I reenter?

¿Puedo volver a entrar?

뿌에도 볼베르 아 엔뜨라르

✈ 내부를 견학할 수 있습니까?

Can I take a look inside?

¿Se puede mirar el interior?

세 뿌에데 미라르 엘 인떼리오르

✈ 출구는 어디입니까?

Where is the exit?

¿Dónde está la salida?

돈데 에스따 라 살리다

✈ 화장실은 어디입니까?

Where is the rest room?

¿Dónde está el aseo/servicio/baño?

돈데 에스따 엘 아세오/세르비씨오/바뇨

극장에서

✈ **극장 이름은 뭡니까?**
What's the name of the theater?
¿Cuál es el nombre del teatro?
꾸알 에스 엘 놈브레 델 떼아뜨로

✈ **오늘 밤에는 무엇을 상영합니까?**
What's on tonight?
¿Qué representan esta noche?
깨 레쁘레센딴 에스따 노체

✈ **재미있습니까?**
Is it good?
¿Es divertido?
에스 디베르띠도

✈ **누가 출연합니까?**
Who appears on it?
¿Quién sale?
끼엔 살레

✈ **오늘 표는 아직 있습니까?**
Are today's tickets still available?
¿Queda alguna entrada para hoy?
깨다 알구나 엔뜨라다 빠라 오이

✈ **몇 시에 시작됩니까?**
What time does it start?
¿A qué hora comienza?
아 깨 오라 꼬미엔싸

콘서트 · 뮤지컬

✈ **뮤지컬을 보고 싶은데요.**
We'd like to see a musical.
Quisiéramos ver un musical.
끼시에라모스 베르 운 무시깔

✈ **여기서 티켓을 예약할 수 있나요?**
Can I make a ticket reservation here?
¿Puedo reservar una entrada aquí?
뿌에도 레세르바르 우나 엔뜨라다 아끼

✈ **이번 주 클래식 콘서트는 없습니까?**
Are there any classical concerts this week?
¿Hay algún concierto de música clásica esta semana?
아이 알군 꼰씨에르또 데 무시까 끌라시까 에스따 세마나

✈ **내일 밤 표를 2장 주세요.**
Two for tomorrow night, please.
Dos para mañana por la noche, por favor.
도스 빠라 마냐나 뽀를 라 노체, 뽀르 파보르

✈ **가장 싼 자리는 얼마입니까?**
How much is the cheapest seat?
¿Cuál es el asiento más barato?
꾸알 에스 엘 아씨엔또 마스 바라또

✈ **가장 좋은 자리를 주세요.**
I'd like the best seats.
Quisiera los mejores asientos.
끼시에라 로스 메호레스 아씨엔또스

UNIT **04**

사진을 찍을 때

미술관이나 박물관에서는 사진 촬영이 금지되어 있는 곳이 많으므로 게시판을 잘 살펴야 합니다. 삼각대, 플래시는 거의 금지되어 있습니다. 함부로 다른 사람에게 카메라를 향하는 것은 예의에 어긋나므로, 찍고 싶은 상대에게 허락을 받고 나서 사진을 찍어야 합니다.

_______ 을(를) 보내주시겠어요?

Would you send me _______ ?

¿Me podría enviar _______ ?

메 뽀드리아 엔비아르

□	**사진**	the picture	la foto	라 포또
□	**동영상**	the video	el video	엘 비데오
□	**파일**	the file	el archivo	엘 아르치보
□	**엽서**	the postcard	la postal	라 뽀스딸

Q : **사진 한 장 찍어 주시겠어요?**

Will you take a picture of me?

¿Me puede sacar una foto, por favor?

메 뿌에데 사까르 우나 포또 뽀르 파보르

A : **좋습니다. 어느 버튼을 누르면 됩니까?**

Okay. Which button should I press?

Vale. ¿Qué botón hay que pulsar?

발레. 깨 보똔 아이 깨 뿔사르

사진 촬영을 허락받을 때

여기서 사진을 찍어도 됩니까?
May I take a picture here?
¿Puedo sacar una foto aquí?
뿌에도 사까르 우나 포또 아끼

여기서 플래시를 터뜨려도 됩니까?
May I use a flash here?
¿Puedo usar el flash aquí?
뿌에도 우사르 엘 플라스 아끼

비디오 촬영을 해도 됩니까?
May I take a video?
¿Puedo grabar un video?
뿌에도 그라바르 운 비데오

당신 사진을 찍어도 되겠습니까?
May I take your picture?
¿Podría sacar una foto de usted?
뽀드리아 사까르 우나 포또 데 우스뗃

함께 사진을 찍으시겠습니까?
Would you take a picture with me?
¿Puedo sacarme una foto con usted?
뿌에도 사까르메 우나 포또 꼰 우스뗃

미안해요, 바빠서요.
Actually, I'm in a hurry.
Lo siento, tengo prisa.
로 씨엔또, 뗑고 쁘리사

사진 촬영을 부탁할 때

사진 좀 찍어 주시겠어요?
Would you take a picture of me?
¿Me puede sacar una foto, por favor?
메 뿌에데 사까르 우나 포또, 뽀르 파보르

셔터를 누르면 됩니다.
Just push the button.
Solo tiene que pulsar el botón.
솔로 띠에네 깨 뿔사르 엘 보똔

여기서 우리들을 찍어 주십시오.
Please take a picture of us from here.
Por favor, ¿nos saca una foto desde aquí?
뽀르 파보르, 노스 사까 우나 포또 데스데 아끼

한 장 더 부탁합니다.
One more, please.
Una más, por favor.
우나 마스, 뽀르 파보르

나중에 사진을 보내 드리겠습니다.
I'll send you the picture.
Le enviaré la foto luego.
레 엔비아레 라 포또 루에고

주소를 여기서 적어 주시겠어요?
Could you write your address down here?
¿Podría escribir su dirección aquí?
뽀드리아 에스끄리비르 수 디렉씨온 아끼

필름가게에서

✈ 이거하고 같은 컬러필름은 있습니까?

Do you have the same color film as this?

¿Tiene el mismo carrete de color que este?

띠에네 엘 미스모 까레떼 데 꼴로르 깨 에스떼

✈ 건전지는 어디서 살 수 있나요?

Where can I buy a battery?

¿Dónde puedo comprar una pila?

돈데 뿌에도 꼼쁘라르 우나 삘라

✈ 어디서 현상할 수 있습니까?

Where can I have this film developed?

¿Dónde puedo revelar este carrete?

돈데 뿌에도 레벨라르 에스떼 까레떼

✈ 이것을 현상해 주시겠어요?

Could you develop this film?

¿Podría revelar este carrete?

뽀드리아 레벨라르 에스떼 까레떼

✈ 인화를 해 주시겠어요?

Could you make copies of this picture?

¿Me podría imprimir esta foto?

메 뽀드리아 임쁘리미르 에스따 포또

✈ 언제 됩니까?

When can I have it done by?

¿Para cuándo lo tendrá?

빠라 꾸안도 로 뗀드라

UNIT
05
오락을 즐길 때

유럽의 나이트클럽은 커플이 입장하여 세련된 쇼나 댄스 등을 보면서 식사나 음주를 즐기는 장소입니다. 주위의 분위기를 깨지 않기 위해 남자는 넥타이와 재킷, 여성도 드레스를 입습니다. 미리 호텔의 프런트나 정보지로 가게의 분위기나 쇼의 내용을 확인해 두는 것이 좋습니다.

______________ 을(를) 주시겠어요?

May I have ______________ ?

¿Me pone ______________ ?

메 뽀네

□	위스키	a whiskey	un whisky	운 위스끼
□	콜라	a coke	una coca cola	우나 꼬까 꼴라
□	커피	a coffee	un café	운 까페
□	맥주	a beer	una cerveza	우나 쎄르베싸

Q : 쇼는 언제 시작됩니까?

When does the show start?

¿Cuándo empieza el espectáculo?

꾸안도 엠삐에싸 엘 에스뻭따꿀로

A : 곧 시작됩니다.

Very soon.

En breves.

엔 브레베스

나이트클럽에서

좋은 나이트클럽은 있나요?
Do you know of a good nightclub?
¿Conoce alguna buena discoteca?
꼬노쎄 알구나 부에나 디스꼬떼까

디너쇼를 보고 싶은데요.
I want to see a dinner show.
Quisiera ver una cena-espectáculo.
끼시에라 베르 우나 쎄나-에스뻭따꿀로

이건 무슨 쇼입니까?
What kind of show is this?
¿Qué tipo de espectáculo es este?
깨 띠뽀 데 에스뻭따꿀로 에스 에스떼

무대 근처 자리로 주시겠어요?
Can I have a table near the stage, please?
¿Me podría dar una mesa cerca del escenario?
메 뽀드리아 다르 우나 메사 쎄르까 델 에스쎄나리오

(클럽에서) 어떤 음악을 합니까?
What kind of music are you performing?
¿Qué tipo de música representa?
깨 띠뽀 데 무시까 레쁘레센따

함께 춤추시겠어요?
Will you dance with me?
¿Quiere bailar conmigo?
끼에레 바일라르 꼰미고

디스코텍에서

✈ **근처에 디스코텍은 있습니까?**
Are there any discos around here?
¿Hay alguna discoteca cerca de aquí?
아이 알구나 디스꼬떼까 쎄르까 데 아끼

✈ **몇 시까지 합니까?**
How late is it open?
¿Hasta qué hora abren?
아스따 깨 오라 아브렌

✈ **젊은 사람이 많습니까?**
Are there many young people?
¿Hay mucha gente joven?
아이 무차 헨떼 호벤

✈ **우리와 한잔 안 할래요?**
Would you like to drink with us?
¿Quiere tomar una copa con nosotros?
끼에레 또마르 우나 꼬빠 꼰 노소뜨로스

✈ **어서 오십시오. 몇 분이십니까?**
Good morning. How many?
Buenos días. ¿Cuántos son?
부에노스 디아스. 꾸안또스 손

✈ **무엇을 드시겠습니까?**
What would you like to drink?
¿Qué quieren beber?
깨 끼에렌 베베르

✈ 카지노는 몇 시부터 합니까?
What time does the casino open?
¿A qué hora abre el casino?
아 깨 오라 아브레 엘 까시노

✈ 좋은 카지노를 소개해 주시겠어요?
Could you recommend a good casino?
¿Me recomienda un buen casino?
메 레꼬미엔다 운 부엔 까시노

✈ 카지노는 아무나 들어갈 수 있습니까?
Is everyone allowed to enter casinos?
¿Cualquiera puede entrar al casino?
꾸알끼에라 뿌에데 엔뜨라르 알 까시노

✈ 칩은 어디서 바꿉니까?
Where can I get chips?
¿Dónde se cambian las fichas?
돈데 세 깜비안 라스 피차스

✈ 현금으로 주세요.
Cash, please.
Efectivo, por favor.
에펙띠보, 뽀르 파보르

✈ 맞았다! / 이겼다!
Jackpot! / Bingo!
¡El gordo! / ¡Bingo!
엘 고르도/ 빙고

UNIT 06

스포츠를 즐길 때

인기가 있는 프로스포츠는 미리 예매를 해 두어야 매진으로 허탕치는 일이 없습니다. 경기장에 가기 전에 반드시 표를 구할 수 있는지 확인하는 것이 좋습니다. 스페인은 축구의 인기가 매우 높아 열광적인 팬이 많아서 관객들의 흥분에 주의를 기울여야 합니다.

저는 ________ 을(를) 하고 싶습니다.
I'd like to ________.
Me gustaría ________.
메 구스따리아

□	골프	play golf	jugar al golf	후가르 알 골프
□	테니스	play tennis	jugar al tenis	후가르 알 떼니스
□	스키	go skiing	esquiar	에스끼아르
□	서핑	go surfing	hacer surf	아쎄르 수르프

Q : 함께하시겠어요?
Would you join us?
¿Quiere venir con nosotros?
끼에레 베니르 꼰 노소뜨로스

A : 고맙습니다.
Thank you.
Gracias.
그라시아스

스포츠를 관전할 때

✈ **농구시합을 보고 싶은데요.**
I'd like to see a basketball game.
Quisiera ver un partido de baloncesto.
끼시에라 베르 운 빠르띠도 데 발론쎄스또

✈ **오늘 프로축구 시합은 있습니까?**
Is there a professional football game today?
¿Hay algún partido de fútbol profesional hoy?
아이 알군 빠르띠도 데 풋볼 쁘로페시오날 오이

✈ **어디서 합니까?**
Where is the stadium?
¿Dónde es el partido?
돈데 에스 엘 빠르띠도

✈ **몇 시부터입니까?**
What time does it begin?
¿A qué hora empieza?
아 깨 오라 엠삐에싸

✈ **어느 팀의 시합입니까?**
Which teams are playing?
¿Qué equipos juegan?
깨 에끼뽀스 후에간

✈ **표는 어디서 삽니까?**
Where can I buy a ticket?
¿Dónde se compran las entradas?
돈데 세 꼼쁘란 라스 엔드라다스

테니스를 하고 싶은데요.
We'd like to play tennis.
Queremos jugar al tenis.
깨레모스 후가르 알 떼니스

골프를 하고 싶은데요.
We'd like to play golf.
Queremos jugar al golf.
깨레모스 후가르 알 골프

골프 예약을 부탁합니다.
Can I make a reservation for golf?
¿Puedo hacer una reserva para jugar al golf?
뿌에도 아쎄르 우나 레세르바 빠라 후가르 알 골프

오늘 플레이할 수 있습니까?
Can we play today?
¿Podemos jugar hoy?
뽀데모스 후가르 오이

그린피는 얼마입니까?
How much is the green fee?
¿Cuánto es el 'green fee'?
꾸안또 에스 엘 그린 피

이 호텔에 테니스코트는 있습니까?
Do you have a tennis court in the hotel?
¿Hay una pista de tenis en el hotel?
아이 우나 삐스따 데 떼니스 엔 엘 오뗄

스키 · 크루징

✈ **스키를 하고 싶은데요.**
I'd like to ski.
Quisiera esquiar.
끼시에라 에스끼아르

✈ **레슨을 받고 싶은데요.**
I'd like to take ski lessons.
Quisiera recibir clases de esquí.
끼시에라 레씨비르 끌라세스 데 에스끼

✈ **스키용품은 어디서 빌릴 수 있나요?**
Where can I rent ski equipment?
¿Dónde se alquila el equipo de esquí?
돈데 세 알낄라 엘 에끼뽀 데 에스끼

✈ **리프트 승강장은 어디인가요?**
Where can I get on a ski lift?
¿Dónde puedo coger el telesquí?
돈데 뿌에도 꼬헤르 엘 뗄레스끼

✈ **짐은 어디에 보관하나요?**
Where's the checkroom?
¿Dónde hay un guardarropa?
돈데 아이 운 구아르다로빠

✈ **어떤 종류의 크루징이 있습니까?**
What kind of cruising do you have?
¿Qué tipo de pistas tiene?
깨 띠뽀 데 삐스따스 띠에네

각종 표지		
남성용	Hombre	옴브레
여성용	Mujer	무헤르
비상구	Salida de emergencia	살리다 데 에메르헨씨아
무료입장	Entrada gratuita	엔뜨라다 그라뚜이따
입구	Entrada	엔뜨라다
출구	Salida	살리다
당기시오	Tirar	띠라르
미시오	Empujar	엠뿌하르
멈추시오	Parar	빠라르
예약됨	Reservado	레세르바도
안내소	Punto de información	뿐또 데 인포르마씨온
금연	Prohibido fumar	쁘로이비도 푸마르
촬영금지	Prohibido sacar fotos	쁘로이비도 사까르 포또스
사용중	Ocupado	오꾸빠도
열림(엘리베이터)	Abrir	아브리르
닫힘(엘리베이터)	Cerrar	쎄라르
폐점	Cerrado	쎄라도
위험	Peligro	뻴리그로
출입금지	Prohibido entrar	쁘로이비도 엔뜨라르

PART 7

쇼 핑

쇼핑에 관한 정보

쇼핑에 관한 정보

짧은 시간에 효율적인 쇼핑을 하려면 살 물건의 리스트를 미리 만들어 두는 것이 좋다. 또 각 도시의 특산물과 선물 품목 및 상점가의 위치 등을 미리 조사해 두는 것도 한 방법이다. 양주, 담배, 향수 등은 공항의 면세점에서 싸게 살 수 있으므로 맨 마지막에 공항에서 사도록 한다. 값이 싼 물건은 별 문제없지만 비싼 물건은 가게에 따라 값도 매우 다르므로 한 집에서 결정하지 말고 몇 집 다녀본 뒤 좋은 것을 선택하는 것이 바람직하다. 특히 보석이나 시계는 신뢰할 만한 가게에서 사야 한다. 백화점이나 고급 상점 말고 일반적인 선물 가게나 노점 같은 데서는 값을 깎아도 실례가 되지 않는다. 시장 같은 데서는 흥정해 보는 것도 괜찮다. 외국에서 쇼핑을 할 때는 우선 상점의 영업시간에 유의해야 한다. 나라마다 다르지만 보통 토요일 오후와 일요일 축제일은 휴업이다. 그러나 대부분의 나라에서 여행자를 상대로 하는 선물 가게는 연중무휴이다.

백화점 쇼핑 에티켓

상품을 고를 때 직접 만져 보지 말고 보여 달라고 청하도록 한다. 또한 나라마다 물건값 흥정이 있을 수도 있고, 없을 수도 있는데, 동남아, 중국, 남미, 유럽 등에서는 일류 백화점이나 면세점이 아니면 물건값을 깎아도 무방하나, 미국이나 서유럽에서는 물건값을 깎는 것이 실례가 된다는 사실을 알아두어야 한다.

면세점

면세로 쇼핑이 가능한 것은 해외여행자의 큰 특전이다. 세계의 거의 모든 국제공항의 출국 대합실에는 Duty Free 간판을 걸고 술, 향수, 담배, 보석, 귀금속 등을 파는 면세점이 있다. 나라나 도시에 따라서는 시내에도 공인 면세점이 있어서 해외여행자의 인기를 모으고 있다.

○국내 면세점: 내국인이 국내 면세점을 이용하면 외화를 국내에서 소비함으로써 국가경쟁력에 도움이 되고, 쇼핑할 때 가장 중요한 언어문제가 해결되기 때문에 마음 놓고 물건을 고를 수 있다. 그러나 국내 면세점에서 구입한 물건은 반드시 공항에서 찾아 여행하는 동안 지니고 있다가 반입해야 한다는 불편함이 있다.

○공항 면세점: 공항 내 면세점은 출국절차를 마친 여행객이 들를 수 있다. 특히 인천공항의 면세점은 규모나 브랜드 종류 등 여러 면에서 세계 최고라고 해도 과언이 아니다. 여행 목적지 세관에서 정하는 기준만큼 구입해야 세금을 물지 않는다.

○기내 면세점: 기내에서 서비스 차원으로 운영하는 면세점으로 각 좌석에 상품 카탈로그가 비치되어 있어 물품의 종류와 가격을 알 수 있다. 하지만 비행기 안에 실을 수 있는 양이 정해져 있으므로 뒤쪽에 좌석이 배정되면 물품을 구입하기가 쉽지 않다.

○면세점 이용 대상: 출국 예정자로 항공편이 확정된 후부터 출국 5시간 전까지 면세점을 이용할 수 있다. 특히 국내 면세점을 이용하기 위해서는 우선 여권과 항공권이 필수. 그러나 단체여행의 경우 대부분 여행사가 항공권을 보관하고 있다. 따라서 이때에는 항공편명과 출국시간을 확인하고 가야 한다.

○이용한도: 내국인, 교포와 외국인은 금액 및 품목 제한이 없다. 국내 면세점에서 구입한 물건은 값을 지불한 면세점에서 바로 물건을 가져가는 것이 아니라 출국하는 날, 공항 면세점에서 찾아가야 한다.

○물품 인도: 시내 각 면세점에 가서 구입한 상품은 출국 직전 여권과 물품교환권을 제시하고 물품 인도장에서 인도받는다.

○대금 지불: 원화, 엔화, 미화, 신용카드

○면세점 이용 시 주의사항: 면세품을 구입할 때에는 반드시 영수증과 교환권을 받아두어야 한다. 영수증은 애프터서비스를 받을 때 필요하므로 잘 보관해두자. 교환권은 구입한 물건을 출국 1~2시간 전에 국제공항의 정해진 면세품 인도장에서 제시해야만 찾을 수 있다. 만일 항공편이나 출국일자 및 시간이 변경되었을 때는 출국 5시간까지 각 면세점 보세 상품 운송실로 연락해야 한다.

UNIT 01

가게를 찾을 때

쇼핑은 여행의 커다란 즐거움의 하나입니다. 싼 가게, 큰 가게, 멋진 가게, 대규모의 쇼핑센터 등을 사전에 알아두면 편리합니다. 한국과는 달리 유럽이나 미국에서는 일요일에 쉬는 가게가 많으므로 영업시간이나 휴업일을 미리 알아 둡시다. 바겐시즌은 미국의 경우 1월, 3월, 11월이고, 영국에서는 6~7월, 12~1월로 나라에 따라 다릅니다.

이 주변에 ________ 은(는) 있습니까?
Is there ________ around here?
¿Hay ________ cerca de aquí?
아이 쎄르까 데 아끼

- □ 슈퍼마켓 a supermarket un supermercado 운 수뻬르메르까도
- □ 쇼핑센터 a shopping center un centro comercial 운 쎈뜨로 꼬메르씨알
- □ 선물가게 a gift store una tienda de regalos 우나 띠엔다 데 레갈로스
- □ 보석가게 a jewelery store una joyería 우나 호예리아

Q : 이건 어디서 살 수 있습니까?
Where can I buy this?
¿Dónde puedo comprar esto?
돈데 뿌에도 꼼쁘라르 에스또

A : 할인점에서 살 수 있습니다.
At the discount shop.
En una tienda de descuentos.
엔 우나 띠엔다 데 데스꾸엔또스

쇼핑센터를 찾을 때

쇼핑센터는 어디에 있습니까?
Where's the shopping mall?
¿Dónde está el centro comercial?
돈데 에스따 엘 쎈뜨로 꼬메르씨알

이 도시의 쇼핑가는 어디에 있습니까?
Where is the shopping area in this town?
¿Dónde está la zona comercial en esta ciudad?
돈데 에스따 라 쏘나 꼬메르씨알 엔 에스따 씨우닫

쇼핑 가이드는 있나요?
Do you have a shopping guide?
¿Tiene una guía de compras?
띠에네 우나 기아 데 꼼쁘라스

선물은 어디서 살 수 있습니까?
Where can I buy some souvenirs?
¿Dónde puedo comprar regalos?
돈데 뿌에도 꼼쁘라르 레갈로스

면세점은 있습니까?
Is there a duty-free shop?
¿Dónde hay una tienda libre de impuestos?
돈데 아이 우나 띠엔다 리브레 데 임뿌에스또스

이 주변에 백화점은 있습니까?
Is there a department store around here?
¿Hay algún gran almacén cerca de aquí?
아이 알군 그란 알마쎈 쎄르까 데 아끼

가게를 찾을 때

✈ 가장 가까운 슈퍼는 어디에 있습니까?
Where's the nearest grocery store?
¿Dónde está el supermercado más cercano?
돈데 에스따 엘 수뻬르메르까도 마스 쎄르까노

✈ 편의점을 찾고 있습니다.
I'm looking for a convenience store.
Estoy buscando una tienda de conveniencia.
에스또이 부스깐도 우나 띠엔다 데 꼰베니엔씨아

✈ 좋은 스포츠 용품점을 가르쳐 주시겠어요?
Could you recommend a good sporting goods store?
¿Puede recomendarme una buena tienda de artículos deportivos?
뿌에데 레꼬멘다르메 우나 부에나 띠엔다 데 아르띠꿀로스 데뽀르띠보스

✈ 세일은 어디서 하고 있습니까?
Who's having a sale?
¿Dónde están de rebajas?
돈데 에스딴 데 레바하스

✈ 이 주변에 할인점은 있습니까?
Is there a discount shop around here?
¿Hay alguna tienda de descuentos cerca de aquí?
아이 알구나 띠엔다 데 데스꾸엔또스 쎄르까 데 아끼

✈ 그건 어디서 살 수 있나요?
Where can I buy it?
¿Dónde puedo comprar eso?
돈데 뿌에도 꼼쁘라르 에소

가게로 가고자 할 때

✈ **그 가게는 오늘 문을 열었습니까?**
Is that shop open today?
¿Está abierta la tienda hoy?
에스따 아비에르따 라 띠엔다 오이

✈ **여기서 멉니까?**
Is that far from here?
¿Está lejos de aquí?
에스따 레호스 데 아끼

✈ **몇 시에 개점합니까?**
What time do you open?
¿A qué hora abre?
아 깨 오라 아브레

✈ **몇 시에 폐점합니까?**
What time do you close?
¿A qué hora cierra?
아 깨 오라 씨에라

✈ **영업시간은 몇 시부터 몇 시까지입니까?**
What are your business hours?
¿Cuál es su horario laboral?
꾸알 에스 수 오라리오 라보랄

✈ **몇 시까지 합니까?**
How late are you open?
¿Hasta qué hora abre?
아스따 깨 오라 아브레

여러 가지 가게		
백화점	gran almacén	그란 알마쎈
쇼핑몰	centro comercial	쎈뜨로 꼬메르씨알
슈퍼마켓	supermercado	수뻬르메르까도
아울렛	tienda de ofertas	띠엔다 데 오페르따스
할인점	tienda de descuentos	띠엔다 데 데스꾸엔또스
편의점	tienda de conveniencia	띠엔다 데 꼰베니엔씨아
부티크	tienda de moda	띠엔다 데 모다
가구점	tienda de muebles	띠엔다 데 무에블레스
보석점	joyería	호예리아
카메라점	tienda de cámaras	띠엔다 데 까마라스
구두가게	zapatería	싸빠떼리아
골동품점	tienda de antigüedades	띠엔다 데 안띠구에다데스
완구점	juguetería	후개떼리아
식기점	tienda de platos	띠엔다 데 쁠라또스
식료품점	tienda de alimentación	띠엔다 데 알리멘따씨온
주류점	tienda de alcohol	띠엔다 데 알꼴
드러그스토어	farmacia	파르마씨아

쇼핑의 기본 단어		
선물	regalo	레갈로
특매품	artículos de ocasión	아르띠꿀로스 데 오까시온
브랜드	marca	마르까
메이커	marca	마르까
종이봉지	bolsa	볼사
레지스터	caja	까하
점원	dependiente	데뻰디엔떼
윈도우	escaparate	에스까빠라떼
가격인하	rebajas	레바하스
바겐세일	liquidación	리끼다씨온
한국제품	artículos coreanos	아르띠꿀로스 꼬레아노스

슈퍼마켓에서 볼 수 있는 표시		
어패류	Pescado y marisco	뻬스까도 이 마리스꼬
육류	Carne	까르네
과일	Fruta fresca	프루따 프레스까
채소	Verduras	베르두라스
농산물	Producto agrícola	쁘로둑또 아그리꼴라
육가공품	Charcutería	차르꾸떼리아
유제품	Producto lácteo	쁘로둑또 락떼오
캔제품	Productos enlatados	쁘로둑또스 엔라따도스
냉동식품	Alimentos congelados	알리멘또스 꽁헬라도스
건강식품	Alimentos dietéticos	알리멘또스 디에떼띠꼬스
향신료	Especias	에스뻬씨아스
청량음료	Bebidas	베비다스
주류	Bebidas alcohólicas	베비다스 알꼴리까스
의류	Vestimenta	베스띠멘따
빵 및 베이커리 제품	Pan y bollería	빤 이 보예리아
시리얼	Cereales	쎄레알레스
간식 및 디저트	Dulce y postres	둘쎄 이 뽀스뜨레스
무알콜 음료	Refrescos	레프레스꼬스
부엌용품	Utensilios de cocina	우뗀실리오스 데 꼬씨나
세면도구	Artículos de aseo	아르띠꿀루스 데 아세오
가정용품	Artículos domésticos	아르띠꿀로스 도메스띠꼬스
티슈 등 종이류	Productos de papel	쁘로둑또스 데 빠뻴
문방구, 학용품	Papelería y material escolar	빠뻴레리아 이 마떼리알 에스꼴라르

UNIT 02

물건을 찾을 때

가게에 들어가면 점원에게 가볍게 ¡Hola!라고 인사를 합시다. 점원이 ¿Busca algo?(무엇을 찾으십니까?)이라고 물었을 때 살 마음이 없는 경우에는 Solo estoy mirando.(그냥 둘러볼게요.)이라고 대답합니다. 말을 걸었는데 대답을 하지 않거나 무시하는 것은 상대에게 실례가 됩니다.

_________을(를) 보여 주세요.

Please show me _________.

Por favor, ¿me puede enseñar _________?

뽀르 파보르, 메 뿌에데 엔세냐르

□ 이것	this	esto	에스또
□ 저것	that	eso	에소
□ 티셔츠	a T-shirt	la camiseta	라 까미세따
□ 선글라스	sunglasses	las gafas de sol	라스 가파스 데 솔

Q : 무얼 찾으십니까?

What can I do for you?

¿Qué busca?

깨 부스까

A : 스커트를 찾고 있는데요.

I'm looking for a skirt.

Busco una falda.

부스꼬 우나 팔다

가게에 들어서서

(점원) 어서 오십시오.
What can I do for you?
¿En qué le puedo ayudar?
엥 깨 레 뿌에도 아유다르

무얼 찾으십니까?
May I help you?
¿Necesita algo?
네쎄시따 알고

그냥 구경하는 겁니다.
I'm just looking.
Estoy mirando, gracias.
에스또이 미란도, 그라시아스

필요한 것이 있으시면 말씀하십시오.
If you need any help, let me know.
Si necesita ayuda, me avisa.
시 네쎄씨따 아유다, 메 아비사

물건을 찾을 때

여기 잠깐 봐 주시겠어요?
Hello. Can you help me?
Hola, ¿puede ayudarme?
올라, 뿌에데 아유다르메

✈ 블라우스를 찾고 있습니다.

I'm looking for a blouse.

Estoy buscando una blusa.

에스또이 부스깐도 우나 블루사

✈ 코트를 찾고 있습니다.

I'm looking for a coat.

Estoy buscando un abrigo.

에스또이 부스깐도 운 아브리고

✈ 운동화를 사고 싶은데요.

I want a pair of sneakers.

Quiero unas zapatillas.

끼에로 우나스 싸빠띠야스

✈ 아내에게 선물할 것을 찾고 있습니다.

I'm looking for something for my wife.

Estoy mirando algo para mi mujer.

에스또이 미란도 알고 빠라 미 무헤르

✈ 캐주얼한 것을 찾고 있습니다.

I'd like something casual.

Quiero algo informal.

끼에로 알고 인포르말

✈ 샤넬은 있습니까?

Do you have Chanel?

¿Tiene Chanel?

띠에네 차넬

✈ 선물로 적당한 것은 없습니까?

Could you recommend something good for a souvenir?

¿Me recomienda algo para regalar?

메 레꼬미엔다 알고 빠라 레갈라르

구체적으로 찾는 물건을 말할 때

✈ 저걸 보여 주시겠어요?

Would you show me that one?

¿Me enseña ese?

메 엔세냐 에세

✈ 면으로 된 것이 필요한데요.

I'd like something in cotton.

Quisiera algo de algodón.

끼시에라 알고 데 알고돈

✈ 이것과 같은 것은 있습니까?

Do you have any more like this?

¿Tiene más de esto?

띠에네 마스 데 에스또

✈ 이것뿐입니까?

Is this all?

¿Esto es todo?

에스또 에스 또도

✈ 이것 6호는 있습니까?

Do you have this in size six?

¿Tiene talla seis?

띠에네 따야 세이스

✈ 30세 정도의 남자에게는 뭐가 좋을까요?

What do you suggest for a thirty-year-old man?

¿Qué recomienda para un hombre de treinta años?

깨 레꼬미엔다 빠라 운 옴브레 데 뜨레인따 아뇨스

UNIT 03

물건을 고를 때

가게에 들어가서 상품에 함부로 손을 대지 않도록 합시다. 진열되어 있는 상품은 어디까지나 샘플이기 때문에, 진열품에 손을 대는 것은 살 마음이 있다고 생각하게 하는 행동입니다. 보고 싶을 경우에는 옆에 있는 점원에게 부탁을 해서 꺼내오도록 해야 합니다.

이건 저에게 너무 ________ .
This is too ________ for me.
Esto es demasiado ________ para mi.
에스또 에스 데마시아도 빠라 미

□	큽니다	big	grande	그란데
□	작습니다	small	pequeño	뻬깨뇨
□	깁니다	long	largo	라르고
□	짧습니다	short	corto	꼬르또

Q : (나에게) 어떤 게 좋을까요?
Which one looks better?
¿Qué me queda mejor?
깨 메 깨다 메호르

A : 모두 어울립니다.
They both look good on you.
Le quedan bien los dos.
레 깨단 비엔 로스 도스

물건을 보고 싶을 때

✈ 그걸 봐도 될까요?
May I see it?
¿Puedo ver esto?
뿌에도 베르 에스또

✈ 몇 가지 보여 주세요.
Could you show me some?
¿Podría mostrarme unos cuantos?
뽀드리아 모스뜨라르메 우노스 꾸안또스

✈ 이 가방을 보여 주시겠어요?
Could you show me this bag?
¿Me enseña este bolso?
메 엔세냐 에스떼 볼소

✈ 다른 것을 보여 주시겠어요?
Can you show me another one?
¿Podría enseñarme otro?
뽀드리아 엔세냐르메 오뜨로

✈ 더 품질이 좋은 것은 없습니까?
Do you have anything of better quality?
¿Tiene algo de mejor calidad?
띠에네 알고 데 메호르 깔리닫

✈ 잠깐 다른 것을 보겠습니다. (둘러보고 오겠습니다)
I'll try somewhere else.
Voy a dar una vuelta.
보이 아 다르 우나 부엘따

색상을 고를 때

✈ 무슨 색이 있습니까?

What kind of colors do you have?

¿Qué colores tiene?

깨 꼴로레스 띠에네

✈ 빨간 것은 있습니까?

Do you have a red one?

¿Tiene uno rojo?

띠에네 우노 로호

✈ 너무 화려[수수]합니다.

This is too flashy[plain].

Es demasiado chillón[simple].

에스 데마시아도 치욘[씸쁠레]

✈ 더 화려한 것은 있습니까?

Do you have a flashier one?

¿Tiene uno más chillón?

띠에네 우노 마스 치욘

✈ 더 수수한 것은 있습니까?

Do you have a plainer one?

¿Tiene algo más simple?

띠에네 알고 마스 심쁠레

✈ 이 색은 좋아하지 않습니다.

I don't like this color.

No me gusta este color.

노 메 구스따 에스떼 꼴로르

디자인을 고를 때

다른 스타일은 있습니까?

Do you have any other style?

¿Tiene otro estilo?

띠에네 오뜨로 에스띨로

어떤 디자인이 유행하고 있습니까?

What kind of style is now in fashion?

¿Qué diseño está de moda?

깨 디세뇨 에스따 데 모다

이런 디자인은 좋아하지 않습니다.

I don't like this design.

No me gusta este diseño.

노 메 구스따 에스떼 디세뇨

다른 디자인은 있습니까?

Do you have any other design?

¿Tiene otro diseño?

띠에네 오뜨로 디세뇨

디자인이 비슷한 것은 있습니까?

Do you have one with a similar design?

¿Tiene otro con un diseño parecido?

띠에네 오뜨로 꼰 운 디세뇨 빠레씨도

이 벨트는 남성용입니까?

Is this belt for men?

¿Es este cinturón para hombres?

에스 에스떼 씬뚜론 빠라 옴브레스

사이즈를 고를 때

✈ 어떤 사이즈를 찾으십니까?
What size are you looking for?
¿Qué talla busca?
깨 따야 부스까

✈ 사이즈는 이것뿐입니까?
Is this the only size you have?
¿Solo tiene esta talla?
솔로 띠에네 에스따 따야

✈ 제 사이즈를 모르겠는데요.
I don't know my size.
No sé mi talla.
노 세 미 따야

✈ 사이즈를 재 주시겠어요?
Could you measure me?
¿Podría medirme la talla?
뽀드리아 메디르메 라 따야

✈ 더 큰 것이 있습니까?
Do you have a bigger one?
¿Tiene uno más grande?
띠에네 우노 마스 그란데

✈ 더 작은 것이 있습니까?
Do you have a smaller one?
¿Tiene uno más pequeño?
띠에네 우노 마스 뻬깨뇨

품질에 대한 질문

✈ **재질은 무엇입니까?**
What's this made of?
¿De qué está hecho?
데 깨 에스따 에초

✈ **스페인 제품입니까?**
Is this made in Spain?
¿Es de España?
에스 데 에스빠냐

✈ **질은 괜찮습니까?**
Is this good quality?
¿Es buena calidad?
에스 부에나 깔리닫

✈ **이건 실크 100%입니까?**
Is this a hundred percent silk?
¿Es esto cien por cien seda?
에스 에스또 씨엔 뽀르 씨엔 세다

✈ **이건 수제입니까?**
Is this hand-made?
¿Está hecho a mano?
에스따 에초 아 마노

✈ **이건 무슨 향입니까?**
What's this fragrance?
¿Qué fragancia es esta?
깨 프라간씨아 에스 에스따

구두 · 가방 · 액세서리		
숙녀화	zapatos de mujer	싸빠또스 데 무헤르
신사화	zapatos de hombre	싸빠또스 데 옴브레
아동화	zapatos de niños	싸빠또스 데 니뇨스
운동화	zapatillas	싸빠띠야스
하이힐	tacones altos	따꼬네스 알또스
로힐	tacones bajos	따꼬네스 바호스
핸드백	bolso	볼소
숄더백	bolso de hombre	볼소 데 옴브레
클러치백	bolso de mano	볼소 데 마노
보스턴백	bolso de viaje	볼소 데 비아헤
서류가방	maletín	말레띤
목걸이	collar	꼬야르
귀걸이	pendientes	뻰디엔떼스
브로치	broche	브로체
반지	anillo	아니요
팔찌	pulsera	뿔세라
안경	gafas	가파스
선글라스	gafas de sol	가파스 데 솔
벨트	cinturón	씬뚜론
지갑	cartera	까르떼라

식료품		
맥주	cerveza	쎄르베싸
주스	zumo	쑤모
우유	leche	레체
요구르트	yogur	요구르
껌	chicle	치끌레
커피	café	까페
홍차	té inglés	떼 잉글레스
통조림	conservas	꼰세르바스

기념품·화장품·편의용품		
가죽제품	artículos de piel	아르띠꿀로스 데 삐엘
인형	muñeco	무녜꼬
귀걸이	pendientes	뻰디엔떼스
목걸이	collar	꼬야르
부채	abanico	아바니꼬
민예품	artículos de arte popular	아르띠꿀로스 데 아르떼
핸드백	bolso	볼소
칠기	porcelana	뽀르셀라나
그림엽서	postal	뽀스딸
도기	cerámica	쎄라미까
장난감	juguetes	후개떼스
분	polvos	뽈보스
립스틱	pintalabios	삔딸라비오스
향수	perfume	뻬르푸메
아세톤	acetona	아쎄또나
아이라이너	lápiz de ojos	라삐쓰 데 오호스
아이섀도	sombra de ojos	솜브라 데 오호스
방취제	desodorante	데소도란떼
손톱깎이	cortauñas	꼬르따우냐스
면도기	afeitadora	아페이따도라
면도날	hoja de navaja	오하 데 나바하
비누	jabón	하본
칫솔	cepillo de dientes	쎄삐요 데 디엔떼스
치약	pasta de dientes	빠스따 데 디엔떼스
화장지	papel higiénico	빠뻴 이히에니꼬
빗	peine	뻬이네

옷과 신발		
양복	traje	뜨라헤
신사복	ropa de caballeros	로빠 데 까바예로스
블라우스	blusa	블루사
단추	botón	보똔
넥타이	corbata	꼬르바따
겉옷	ropa exterior	로빠 엑쓰떼리오르
속옷	ropa interior	로빠 인떼리오르
스커트	falda	팔다
속치마	enagua	에나구아
바지	pantalones	빤딸로네스
코트	abrigo	아브리고
재킷	chaqueta	차깨따
잠옷	pijama	삐하마
스카프	bufanda	부판다
장갑	guantes	구안떼스
손수건	pañuelo	빠뉴엘로
양말	calcetines	깔쎄띠네스
스타킹	medias	메디아스
벨트	cinturón	씬뚜론
주머니	bolsillo	볼시요
소매	manga	망가
칼라	cuello	꾸에요
구두·신발	zapatos	싸빠또스
슬리퍼	pantufla	빤뚜플라
부츠	botas	보따스
샌들	sandalias	산달리아스

귀금속·책·문구류와 완구		
다이아몬드	diamante	디아만떼
에메랄드	esmeralda	에스메랄다
진주	perla	뻬를라
금	oro	오로
책	libro	리브로
사전	diccionario	딕씨오나리오
신문	periódico	뻬리오디꼬
잡지	revista	레비스따
지도	mapa	마빠
도로지도	mapa de carreteras	마빠 데 까레떼라스
안내서	guía	기아
노트	cuaderno	꾸아데르노
볼펜	bolígrafo	볼리그라포
연필	lápiz	라삐쓰
지우개	borrador	보라도르
만년필	pluma	쁠루마
샤프펜슬	portaminas	뽀르따미나스
풀	pegamento	뻬가멘또
봉투	sobre	소브레
편지지	papel de cartas	빠뻴 데 까르따스
엽서	sobre	소브레
그림엽서	postal	뽀스딸
카드(트럼프)	cartas	까르따스
가위	tijeras	띠헤라스
끈	cuerda	꾸에르다스
캘린더	calendario	깔렌다리오
레코드	disco	디스꼬
테이프	cinta	씬따

UNIT 04

백화점·면세점에서

백화점은 가장 안전하고 좋은 물건을 구입할 수 있는 곳입니다. 또한 저렴하게 좋은 물건을 구입할 수 있는 곳으로는 국제공항의 출국 대합실에 Duty Free라는 간판을 내걸고 술, 향수, 보석, 담배 등을 파는 면세점이 있습니다. 나라나 도시에 따라서는 시내에도 공인 면세점이 있어 해외여행자의 인기를 모으고 있습니다.

____ 은(는) 몇 층에 있습니까?

What floor is ____ on?

¿Qué planta es la sección de ____ ?

깨 쁠란따 에스 라 섹씨온 데

□	남성복	men's wear	ropa para hombre	로빠 빠라 옴브레
□	여성복	women's wear	ropa para mujer	로빠 빠라 무헤르
□	장난감	toy	juguetes	후개떼스
□	화장품	cosmetics	cosméticos	꼬스메띠꼬스

Q : **선물용 술을 찾고 있는데요.**

I'm looking for liquor for a souvenir.

Estoy buscando un licor para regalar.

에스또이 부스깐도 운 리꼬르 빠라 레갈라르

A : **여권을 보여 주시겠어요?**

May I see your passport?

¿Me enseña el pasaporte?

메 엔세냐 엘 빠사뽀르떼

매장을 찾을 때

✈ 신사복 매장은 몇 층입니까?
What floor is men's wear on?
¿En qué planta está la sección de ropa de caballeros?
엥 깨 쁠란따 에스따 라 섹씨온 데 로빠 데 까바예로스

✈ 여성용 매장은 어디에 있습니까?
Where's the ladies' department?
¿Dónde está la sección de mujeres?
돈데 에스따 라 섹씨온 데 무헤레스

✈ 화장품은 어디서 살 수 있습니까?
Where do you sell cosmetics?
¿Dónde venden cosméticos?
돈데 벤덴 꼬스메띠꼬스

✈ 저기에 디스플레이 되어 있는 셔츠는 어디에 있습니까?
Where can I find that shirt?
¿Dónde puedo encontrar esa camisa?
돈데 뿌에도 엥꼰뜨라르 에사 까미사

✈ 세일하는 물건을 찾고 있습니다.
I'm looking for some bargains.
Estoy buscando artículos rebajados.
에스또이 부스깐도 아르띠꿀로스 레바하도스

✈ 선물은 어디서 살 수 있나요?
Where can I buy some souvenirs?
¿Dónde puedo comprar regalos?
돈데 뿌에도 꼼쁘라르 레갈로스

물건을 고를 때

✈ **다른 상품을 보여 주세요.**
Please show me another one.
¿Me enseña otra cosa, por favor?
메 엔세냐 오뜨라 꼬사, 뽀르 파보르

✈ **예산은 어느 정도이십니까?**
How much would you like to spend?
¿Cuánto es su presupuesto?
꾸안또 에스 수 쁘레수뿌에스또

✈ **신상품은 어느 것입니까?**
Which are brand-new items?
¿Cuáles son los nuevos artículos?
꾸알레스 손 로스 누에보스 아르띠꿀로스

✈ **손질은 어떻게 하면 됩니까?**
How do you take care of this?
¿Cómo hay que cuidarlo?
꼬모 아이 깨 꾸이다를로

✈ **이것은 어느 브랜드입니까?**
What brand is this?
¿Qué marca es esta?
깨 마르까 에스 에스따

면세점에서

✈ 면세점은 어디에 있습니까?

Where's a duty free shop?

¿Dónde hay una tienda libre de impuestos?

돈데 아이 우나 띠엔다 리브레 데 임뿌에스또스

✈ 얼마까지 면세가 됩니까?

How much duty free can I buy?

¿Hasta cuánto es libre de impuestos?

아스따 꾸안또 에스 리브레 데 임뿌에스또스

✈ 어느 브랜드가 좋겠습니까?

What brand do you suggest?

¿Qué marca recomienda?

깨 마르까 레꼬미엔다

✈ 이 가게에서는 면세로 살 수 있습니까?

Can I buy things duty free here?

¿Puedo comprar cosas libre de impuestos aquí?

뿌에도 꼼쁘라르 꼬사스 리브레 데 임뿌에스또스 아끼

✈ 여권을 보여 주십시오.

May I have your passport, please?

¿Me da su pasaporte, por favor?

메 다 수 빠사뽀르떼, 뽀르 파보르

✈ 비행기를 타기 전에 수취하십시오.

Receive before boarding.

Cobre antes de embarcar.

꼬브레 안떼스 데 엠바르까르

UNIT 05

물건값을 계산할 때

거의 모든 가게에서 현금, 신용카드, 여행자수표 등으로 물건값을 계산할 수 있지만, 여행자수표를 사용할 때는 여권 제시를 요구하는 가게도 있습니다. 번잡한 가게나 작은 가게에서는 여행자수표를 꺼리는 경우도 있습니다.

________________ 은(는) 받습니까?

Do you accept ________________ ?

¿Acepta ________________ ?

아쎕따

□ 신용카드	credit card	tarjeta de crédito	따르헤따 데 끄레디또
□ 여행자수표	traveler's checks	cheque de viajero	체깨 데 비아헤로
□ 비자	Visa	Visa	비사
□ 마스터카드	MasterCard	MasterCard	마스떼르 까르드

Q : 얼마입니까?

How much is this?

¿Cuánto es?

꾸안또 에스

A : 200유로입니다.

It's two hundred Euros.

Son doscientos euros.

손 도스씨엔또스 에우로스

가격을 물을 때

✈ 계산은 어디서 합니까?
Where is the cashier?
¿Dónde está la caja?
돈데 에스따 라 까하

✈ 전부 해서 얼마가 됩니까?
How much is it all together?
¿Cuánto es en total?
꾸안또 에스 엔 또딸

✈ 하나에 얼마입니까?
How much for one?
¿Cuánto vale uno?
꾸안또 발레 우노

✈ (다른 상품의 가격을 물을 때) 이건 어때요?
How about this one?
¿Qué tal este?
깨 딸 에스떼

✈ 이건 세일 중입니까?
Is this on sale?
¿Está esto rebajado?
에스따 에스또 레바하도

✈ 세금이 포함된 가격입니까?
Does it include tax?
¿Incluye el impuesto?
잉끌루예 엘 임뿌에스또

가격을 깎을 때

✈ 너무 비쌉니다.

It's too expensive.

Es demasiado caro.

에스 데마시아도 까로

✈ 깎아 주시겠어요?

Can you give a discount?

¿Me puede hacer un descuento?

메 뿌에데 아쎄르 운 데스꾸엔또

✈ 더 싼 것은 없습니까?

Anything cheaper?

¿Algo más barato?

알고 마스 바라또

✈ 더 싸게 해 주실래요?

Will you take less than that?

¿Podría hacerme más descuento?

뽀드리아 아쎄르메 마스 데스꾸엔또

✈ 깎아 주면 사겠습니다.

If you discount, I'll buy.

Si me hace un descuento, me lo llevo.

시 메 아쎄 운 데스꾸엔또, 멜 로 예보

✈ 현금으로 지불하면 더 싸게 됩니까?

Do you give discounts for cash?

¿Es más barato en efectivo?

에스 마스 바라또 엔 에펙띠보

구입 결정과 지불 방법

✈ **이걸로 하겠습니다.**
I'll take this.
Me llevaré esto.
메 예바레 에스또

✈ **이것을 10개 주세요.**
I'll take ten of these.
Me llevaré diez de estos.
메 예바레 디에쓰 데 에스또스

✈ **지불은 어떻게 하시겠습니까?**
How would you like to pay?
¿Cómo quiere pagar?
꼬모 끼에레 빠가르

✈ **카드도 됩니까?**
May I use a credit card?
¿Aceptan tarjeta de crédito?
아셉딴 따르헤따 데 끄레디또

✈ **여행자수표도 받나요?**
Can I use traveler's checks?
¿Aceptan cheque de viajeros?
아셉딴 체깨 데 비아헤로스

✈ **영수증을 주시겠어요?**
Could I have a receipt?
¿Me da el recibo?
메 다 엘 레씨보

UNIT
06 포장·배송을 원할 때

구입한 물건을 들 수 없는 경우에는 호텔까지 배달을 부탁합니다. 한국으로 직접 배송을 원하는 경우에는 항공편인지 선편인지 확인하는 것을 잊지 말아야 합니다. 선편은 생각보다 시간이 많이 걸립니다. 빠른 것을 원할 경우에는 항공회사나 국제택배 등을 이용하는 것이 좋을 것입니다.

이것을 ________ (으)로 보내 주시겠어요?
Could you send this to ________ ?
¿Podría enviar esto a ________ ?
뽀드리아 엔비아르 에스또 아

□	제 호텔	my hotel	mi hotel	미 오뗄
□	이 주소	this address	esta dirección	에스따 디렉씨온
□	한국	Korea	Corea del Sur	꼬레아 델 수르
□	서울	Seoul	Seúl	세울

Q : 따로따로 싸 주세요.
Please wrap them separately.
Por favor, envuélvalos por separado.
뽀르 파보르, 엔부엘발로스 뽀르 세빠라도

A : 알겠습니다.
Oh, okay.
Ah, vale.
아, 발레

포장을 부탁할 때

봉지를 주시겠어요?
Could I have a bag?
¿Me podría dar una bolsa?
메 뽀드리아 다르 우나 볼사

봉지에 넣기만 하면 됩니다.
Just put it in a bag, please.
Póngalo en una bolsa, por favor.
뽕갈로 엔 우나 볼사, 뽀르 파보르

이걸 선물용으로 포장해 주시겠어요?
Can you gift-wrap this?
¿Podría empaquetar esto para regalo?
뽀드리아 엠빠깨따르 에스또 빠라 레갈로

따로따로 포장해 주세요.
Please wrap them separately.
Por favor, envuélvalos por separado.
뽀르 파보르, 엔부엘발로스 뽀르 세빠라도

이거 넣을 박스 좀 얻을 수 있나요?
Is it possible to get a box for this?
¿Me podría dar una caja para meter esto?
메 뽀드리아 다르 우나 까하 빠라 메떼르 에스또

이거 포장할 수 있나요? 우편으로 보내고 싶은데요.
Can you wrap this up? I want to send it by mail.
¿Puedo empaquetar esto? Quisiera enviarlo por correo.
뿌에도 엠빠깨따르 에스또? 끼시에라 엔비아를로 뽀르 꼬레오

배달을 원할 때

✈ 이걸 ○○호텔까지 갖다 주시겠어요?
Could you send this to ○○Hotel?
¿Podría enviar esto al hotel ○○?
뽀드리아 엔비아르 에스또 알 오뗄 ○○

✈ 오늘 중으로[내일까지] 배달해 주었으면 하는데요.
I'd like to have it today[by tomorrow].
Quisiera enviarlo para hoy[mañana].
끼시에라 엔비아를로 빠라 오이[마냐나]

✈ 언제 배달해 주시겠습니까?
When would it arrive?
¿Cuándo llegará?
꾸안도 예가라

✈ 별도로 요금이 듭니까?
Is there an extra charge for that?
¿Hay un coste adicional?
아이 운 꼬스떼 아디씨오날

✈ 이 카드를 첨부해서 보내 주세요.
I'd like to send it with this card.
Quisiera enviarlo con esta tarjeta.
끼시에라 엔비아를로 꼰 에스따 따르헤따

✈ 이 주소로 보내 주세요.
Please send it to this address.
Por favor, envíelo a esta dirección.
뽀르 파보르, 엔비엘로 아 에스따 디렉씨온

배송을 원할 때

✈ 이 가게에서 한국으로 발송해 주시겠어요?

Could you send this to Korea from here?

¿Podría enviar esto a Corea del Sur desde aquí?

뽀드리아 엔비아르 에스또 아 꼬레아 델 수르 데스데 아끼

✈ 한국 제 주소로 보내 주시겠어요?

Could you send it to my address in Korea?

¿Podría enviarlo a mi dirección de Corea del Sur?

뽀드리아 엔비아를로 아 미 디렉씨온 데 꼬레아 델 수르

✈ 항공편으로 부탁합니다.

By air mail, please.

Por correo aéreo, por favor.

뽀르 꼬레오 아에레오, 뽀르 파보르

✈ 선편으로 부탁합니다.

By sea mail, please.

Por correo marítimo, por favor.

뽀르 꼬레오 마리띠모, 뽀르 파보르

✈ 한국까지 항공편으로 며칠 정도 걸립니까?

How long does it take to reach Korea by air mail?

¿Cuánto se tarda en llegar a Corea del Sur por correo aéreo?

꾸안또 세 따르다 엔 예가르 아 꼬레아 델 수르 뽀르 꼬레오 아에레오

✈ 항공편으로 얼마나 듭니까?

How much does it cost by air mail?

¿Cuánto cuesta por correo aéreo?

꾸안또 꾸에스따 뽀르 꼬레오 아에레오

UNIT **07**

물건에 대한 클레임

가게에 클레임을 제기할 때는 감정적으로 대하지 말고 침착하게 요점을 말해야 합니다. 보통 한번 돈을 지불해 버리면 흠집이 났거나 더럽더라도 구입한 고객의 책임이 되어 버립니다. 사기 전에 물건을 잘 확인합시다. 교환을 원할 경우 영수증이 있어야 하므로 없애지 않도록 합니다. 환불은 특별한 경우가 아니면 어려운 것이 한국과 마찬가지입니다.

(물건의 하자를 지적할 때) ______________ .

It's ______________ .

Está ______________ .

에스따

□ 더럽습니다	dirty	sucio	수씨오
□ 망가졌습니다	broken	estropeado	에스뜨로뻬아도
□ 찢어졌습니다	ripped	rasgado	라스가도
□ 금이 갔습니다	cracked	rajado	라하도

Q : 여기에 흠집이 있습니다.

It's damaged here.

Está estropeado aquí.

에스따 에스뜨로뻬아도 아끼

A : 어디 보여 주십시오.

Show me.

Enséñemelo.

엔세녜멜로

구입한 물건을 교환할 때

✈ 여기에 얼룩이 있습니다.

I found a stain here.

Hay una mancha aquí.

아이 우나 만차 아끼

✈ 새것으로 바꿔 드리겠습니다.

I'll get you a new one.

Se lo cambiaré por uno nuevo.

셀 로 깜비아레 뽀르 우노 누에보

✈ 구입 시에 망가져 있었습니까?

Was it broken when you bought it?

¿Estaba estropeado cuando lo compró?

에스따바 에스뜨로뻬아도 꾸안도 로 꼼쁘로

✈ 샀을 때는 몰랐습니다.

I didn't notice it when I bought it.

No me di cuenta al comprarlo.

노 메 디 꾸엔따 알 꼼쁘라를로

✈ 사이즈가 안 맞았어요.

This size doesn't fit me.

Esta talla no me vale.

에스따 따야 노 메 발레

✈ 다른 것으로 바꿔 주시겠어요?

Can I exchange it for another one?

¿Me lo cambia por otro?

멜 로 깜비아 뽀르 오뜨로

구입한 물건을 반품할 때

어디로 가면 됩니까?

Where should I go?

¿A dónde tengo que ir?

아 돈데 뗑고 깨 이르

반품하고 싶은데요.

I'd like to return this.

Quisiera una devolución.

끼시에라 우나 데볼루씨온

전혀 쓰지 않았습니다.

I haven't used it at all.

No lo he utilizado.

놀 로 에 우띨리싸도

가짜가 하나 섞여 있었습니다.

I found a fake included.

Encontré uno falso mezclado.

엥꼰뜨레 우노 팔소 메쓰끌라도

영수증은 여기 있습니다.

Here is a receipt.

Aquí tiene el recibo.

아끼 띠에네 엘 레씨보

어제 샀습니다.

I bought it yesterday.

Lo compré ayer.

로 꼼쁘레 아예르

환불 · 배달사고

✈ 환불해 주시겠어요?
Can I have a refund?
¿Me hace una devolución?
메 아쎄 우나 데볼루씨온

✈ 산 물건하고 다릅니다.
This is different from what I bought.
Esto es diferente a lo que compré.
에스또 에스 디페렌떼 알 로 깨 꼼쁘레

✈ 구입한 게 아직 배달되지 않았습니다.
I haven't got what I bought yet.
No he recibido aún lo que compré.
노 에 레씨비도 아운 로 깨 꼼쁘레

✈ 대금은 이미 지불했습니다.
I already paid.
Ya pagué.
야 빠개

✈ 수리해 주시든지 환불해 주시겠어요?
Could you fix it or give me a refund?
¿Me lo repara o me hace una devolución?
멜 로 레빠라 오 메 아쎄 우나 데볼루씨온

✈ 계산이 틀린 것 같습니다.
I think your calculation is wrong.
Creo que está mal calculado.
끄레오 깨 에스따 말 깔꿀라도

치수와 색상		
사이즈	talla	따야
크다	grande	그란데
작다	pequeño	뻬깨뇨
길다	largo	라르고
짧다	corto	꼬르또
헐겁다	suelto	수엘또
꽉 끼다	ajustado	아후스따도
좁다	estrecho	에스뜨레초
넓다	amplio	암쁠리오
두텁다	grueso	그루에소
얇다	fino	피노
무겁다	pesado	뻬사도
가볍다	ligero	리헤로
둥글다	redondo	레돈도
네모나다	cuadrado	꾸아드라도
색깔	color	꼴로르
검다	negro	네그로
하얗다	blanco	블랑꼬
노랗다	amarillo	아마리요
빨갛다	rojo	로호
파랗다	azul	아쑬
녹색	verde	베르데
갈색	marrón	마론
회색	gris	그리스
보라색	morado	모라도
밝은색	claro	끌라로
수수한	simple	씸쁠레
화려한	llamativo	야마띠보

PART 8

방문·전화·우편

Travel Information

통신 · 은행에 관한 정보

국제전화

호텔교환에 신청하거나 국제자동전화를 이용할 수 있다.
국제자동전화 이용할 때는
① 여행국의 국제자동전화 식별번호
② 우리나라 국가번호(82)
③ 국가내의 지역번호(첫자리 숫자 0은 생략)
④ 가입자 번호
순으로 전화를 걸면 된다.

로밍

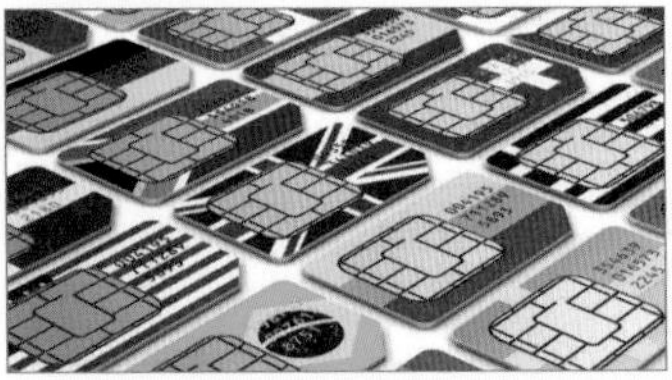

국내에서 쓰던 휴대폰을 해외에서도 사용 가능하게 해 주는 서비스이다. 요새는 스마트폰이 대중화되고 로밍도 예전보다 쉬워지면서 해외에 나갈 때 본인의 스마트폰을 로밍해서 그대로 가져가서 이용하고 전화도 자유롭게 쓰는 경우가 많아졌다. 보통은 타 국가의 이동통신회사의 통신망을 대여해서 이용한다. 예전에는 로밍폰을 따로 대여해야 했으나 현재는 이용하는 폰에서 자동으로 로밍이 된다. 다만 요금이 매우 비싸므로, 로밍 데이터 무제한 요금제를 사용하거나, LTE 라우터를 임대하여 쓰거나, 데이터 로밍을 차단하고 와이파이에서만 인터넷을 이용하는 등의 방법을 사용하는 것이 좋다. 또한 로밍은 발신전화뿐 아니라 수신전화도 요금이 부과되므로 이 점을 반드시 유의하여야 한다.

해외에서 우편을 보낼 때

해외에서 친구나 가족에게 편지를 보내는 것도 해외여행의 즐거움의 하나이다. 굳이 영어를 쓰지 않아도 우리나라로 보낼 때는 「BY AIRMAIL(SEAMAIL) TO KOREA」 이외는 우리말로 써도 된다.

○공항 우체국을 이용할 때

공항 우체국에서 보내면 빠르고 확실하게 우리나라로 도착한다. 또 호텔 안에 있는 우표자동판매기의 경우는 수수료가 있기 때문에 우표를 많이 살 때는 우체국에 가서 직접 사는 것이 좋다.

✹ 신용카드

신용카드는 현금과 같이 통용된다. 국제적인 신용카드(Credit Card)로는 아메리칸 익스프레스, 다이너스, 비자, 마스터카드 등이 있다. 신용카드는 신분 증명용, 렌터카 사용, 호텔 체크인 등에 꼭 필요하므로 1장 정도는 준비해서 가져가자. 또 가맹점에서는 현금 대신 사용할 수 있고 현지 화폐로 환전할 필요가 없어서 덜 번거롭다. 숙박료나 고액의 쇼핑 등은 카드로 지불하고, 현금은 소액만 가지고 다니는 것이 안전하다.

✹ 여행자수표 사용방법

수표에는 상단과 하단의 두 곳에 사인란이 있는데, 도난과 분실에 대비해서 구입 즉시 수표 상단에 사인을 하고 수표번호를 별도로 기록해 두는 것이 중요하다. 사용할 때에는 어권을 소지하고 상대방이 보는 앞에서 하단의 사인란에 사인을 한다. 은행이나 환전소에서 언제나 현금과 바꿀 수 있으며 사용한 거스름돈은 언제든지 현금이 된다. 남은 T/C는 은행에서 원화로 재환전하거나 외화 예금도 가능하다.

UNIT 01

방문할 때

집에 초대받으면 약속 시간보다 조금 늦게 가는 것이 기본적인 매너입니다. 한국에서 가져온 조그만 물건을 선물로 가져가는 것도 좋을 것입니다. 집안으로 안내받아 들어가서 가구의 취향 등을 칭찬해 주면 즐거워합니다. 또한 질문을 받으면 대답할 수 있도록 자신의 직업이나 한국의 문화에 대해 어느 정도의 단어는 알아 두는 것이 좋습니다.

(초대에 대한 감사) ________ 고맙습니다.

Thanks for ________ .

Gracias por ________ .

그라시아스 뽀르

□	모든 게	everything	todo	또도
□	환대해 줘서	your wonderful hospitality	su hospitalidad	수 오스삐딸리닫
□	초대해 줘서	inviting me	su invitación	수 인비따씨온

Q : 초대해 주셔서 고맙습니다.

Thanks for inviting me over.

Gracias por su invitación.

그라시아스 뽀르 수 인비따씨온

A : 잘 오셨습니다.

I'm so glad you could make it.

Me alegro de que haya venido.

메 알레그로 데 깨 아야 베니도

함께 식사하기를 권유할 때

✈ **함께 점심 식사나 하시겠어요?**
How about having lunch with me?
¿Quiere comer conmigo?
끼에레 꼬메르 꼰미고

✈ **오늘 밤에 저와 저녁 식사하시겠어요?**
Why don't you have dinner with me tonight?
¿Quiere cenar esta noche conmigo?
끼에레 쎄나르 에스따 노체 꼰미고

✈ **제가 대접하겠습니다.**
Let me treat you to dinner.
Invito yo.
인비또 요

✈ **한잔 어떻습니까?**
How about a drink?
¿Qué tal una copa?
깨 딸 우나 꼬빠

✈ **언제 시간이 있습니까?**
When do you have free time?
¿Cuándo está libre?
꾸안도 에스따 리브레

✈ **당신이 와 주셨으면 합니다.**
I'd like to have you come over.
Espero que venga usted.
에스뻬로 깨 벵가 우스뗃

✈ 몇 시가 좋습니까?
What's a good time for you?
¿Cuándo le viene bien?
꾸안도 레 비에네 비엔

✈ 어느 때라도 좋아요.
It's fine anytime.
Me viene todo bien.
메 비에네 또도 비엔

✈ 고맙습니다. 기꺼이 그러죠.
Thank you. I'd like to.
Gracias. Me encantaría.
그라시아스. 메 엥깐따리아

✈ 꼭 가고 싶습니다.
I'll make sure to be there.
Me encantaría poder ir.
메 앙깐따리아 뽀데르 이르

✈ 가고 싶지만, 시간이 없습니다.
I want to come, but I have no time.
Me gustaría, pero no tengo tiempo.
메 구스따리아, 뻬로 노 뗑고 띠엠뽀

✈ 죄송하지만, 선약이 있습니다.
Sorry, but I have a previous engagement.
Lo siento, pero tengo compromiso.
로 씨엔또, 뻬로 뗑고 꼼쁘로미소

✈ 와 주셔서 감사합니다.

Thank you for coming.

Gracias por venir.

그라시아스 뽀르 베니르

✈ 약소합니다.

This is a little something for you.

No es nada.

노 에스 나다

✈ 요리를 잘하시는군요!

You're a great cook!

Cocina muy bien.

꼬씨나 무이 비엔

✈ 정말 배가 부릅니다.

I'm really full.

Estoy muy lleno.

에스또이 무이 예노

✈ 화장실 좀 갈 수 있을까요?

May I use the rest room?

¿Puedo usar el aseo?

뿌에도 우사르 엘 아세오

✈ 이만 가 보겠습니다.

I must be going now.

Me tengo que ir.

메 뗑고 깨 이르

UNIT 02

전화를 이용할 때

전화를 걸 때는 반드시 Hola, soy ○○ 라고 먼저 자신의 신분을 밝히고 전화통화를 할 상대를 부탁합니다.

여보세요. ______________ 입니까?
Hello. Is this ______________ ?
Hola.¿Es ______________ ?
올라. 에스

□	○○호텔	○○Hotel	el hotel	엘 오뗄 ○○
□	로드리게즈 씨	Mr. Rodríguez	el señor Rodríguez	엘 세뇨르 로드리개쓰
□	Barañano 씨 댁	Barañano's	la casa del señor Barañano	라 까사 델 세뇨르 바라냐노

Q : 공중전화 카드는 어디서 사나요?
Where can I get a calling card?
¿Dónde puedo comprar una tarjeta telefónica?
돈데 뿌에도 꼼쁘라르 우나 따르헤따 뗄레포니까

A : 여기서도 팝니다.
We sell them here.
Lo vendemos aquí.
로 벤데모스 아끼

공중전화를 이용할 때

이 근처에 공중전화는 있습니까?

Is there a pay phone around here?

¿Hay un teléfono público cerca de aquí?

아이 운 뗄레포노 뿌블리꼬 쎄르까 데 아끼

이 전화로 시외전화를 할 수 있나요?

Can I make a long-distance call from this phone?

¿Podría hacer una llamada de larga distancia desde este teléfono?

뽀드리아 아쎄르 우나 야마다 데 라르가 디스딴씨아 데스데 에스떼 뗄레포노

이 전화로 한국에 걸 수 있나요?

Can I make a call to Korea on this phone?

¿Puedo hacer una llamada a Corea del Sur con este teléfono?

뿌에도 아쎄르 우나 야마다 아 꼬레아 델 수르 꼰 에스떼 뗄레포노

먼저 동전을 넣으십시오.

You put the coins in first.

Ponga primero las monedas.

뽕가 쁘리메로 라스 모네다스

얼마 넣습니까?

How much do I put in?

¿Cuánto hay que poner?

꾸안또 아이 깨 뽀네르

전화카드를 주세요.

Can I have a telephone card?

¿Me da una tarjeta telefónica?

메 다 우나 따르헤따 뗄레포니까

전화를 걸 때

✈ **한국으로 전화를 하려면 어떻게 하면 됩니까?**

What should I do to call Korea?

¿Qué tengo que hacer para realizar una llamada a Corea del Sur?

깨 뗑고 깨 아쎄르 빠라 레알리싸르 우나 야마다 아 꼬레아 델 수르

✈ **한국으로 컬렉트콜로 걸고 싶은데요.**

I need to make a collect call to Korea.

Necesito hacer una llamada a cobro revertido a Corea del Sur.

네쎄씨또 아쎄르 우나 야마다 아 꼬브로 레베르띠도 아 꼬레아 델 수르

✈ **바르셀로나의 시외번호는 몇 번입니까?**

What's the area code for Barcelona?

¿Cuál es el prefijo para Barcelona?

꾸알 에스 엘 쁘레피호 빠라 바르쎌로나

✈ **한국으로 국제전화를 부탁합니다.**

I'd like to make a call to Korea, please.

Me gustaría hacer una llamada a Corea del Sur, por favor.

메 구스따리아 아쎄르 우나 야마다 아 꼬레아 델 수르, 뽀르 파보르

✈ **내선 28번으로 돌려주세요.**

Extension 28(twenty-eight), please.

Extensión veintiocho, por favor.

엑쓰뗀시온 베인띠오초, 뽀르 파보르

✈ **여보세요, 스위스그랜드 호텔이지요?**

Hello, is this the Swiss Grand Hotel?

Hola, ¿es el hotel Swiss Grand?

올라, 에스 엘 오뗄 스위스 그란드

✈ 싸빠떼로 씨를 부탁합니다.

May I speak to Mr. Zapatero?

¿Puedo hablar con el señor Zapatero, por favor?

뿌에도 아블라르 꼰 엘 세뇨르 싸빠떼로, 뽀르 파보르

✈ 여보세요, 싸빠떼로 씨입니까?

Hello. Is this Mr. Zapatero?

Hola. ¿Es el señor Zapatero?

올라. 에스 엘 세뇨르 싸빠떼로

전화를 받을 때

✈ 잠시 기다려 주시겠습니까?

Would you like to hold?

¿Puede esperar un momento, por favor?

뿌에데 에스뻬라르 운 모멘또 뽀르 파보르

✈ 전언을 부탁할 수 있습니까?

Would you take a message?

¿Puedo dejar un recado?

뿌에도 데하르 운 레까도

✈ 좀 더 천천히 말씀해 주십시오.

Could you speak a little slower?

¿Podría hablar más despacio?

뽀드리아 아블라르 마스 데스빠씨오

✈ 전화 고마웠습니다.

Thank you for your call.

Gracias por su llamada.

그라시아스 뽀르 수 야마다

UNIT 03

우편을 이용할 때

우표는 우체국 이외에 호텔의 프런트나 매점, 자동판매기 등에서 살 수 있습니다. 부치는 것은 호텔의 프런트에 부탁하거나 큰 호텔은 우체통이 있으므로 직접 넣으면 됩니다. 소포는 우체국에서 발송합니다. 한국의 수신자(주소와 이름)는 한국어로 써도 되지만, 반드시 KOREA, 항공편일 경우에는 AIRMAIL이라고 영어로 쓰는 것을 잊지 않도록 합시다.

________________(으)로 부탁합니다.

________________, please.

________________, por favor.

뽀르 파보르

□	항공편	By air mail	Por correo aéreo	뽀르 꼬레오 아에레오
□	선편	By sea mail	Por correo marítimo	뽀르 꼬레오 마리띠모
□	속달	Express mail	Por correo urgente	뽀르 꼬레오 우르헨떼
□	등기	Registered mail	Por correo certificado	뽀르 꼬레오 쎄르띠피까도

Q : 우체통은 어디에 있습니까?

Where's the mailbox?

¿Dónde hay un buzón?

돈데 아이 운 부쏜

A : 로비에 있습니다.

There's one in the lobby.

Hay uno en recepción.

아이 우노 엔 레쎕씨온

우체국에서

✈ 가장 가까운 우체국은 어디에 있습니까?

Where is the nearest post office?

¿Dónde está la oficina de correos más cercana?

돈데 에스따 라 오피씨나 데 꼬레오스 마스 쎄르까나

✈ 우표는 어디서 삽니까?

Where can I buy stamps?

¿Dónde puedo comprar sellos?

돈데 뿌에도 꼼쁘라르 세요스

✈ 우체통은 어디에 있나요?

Where is the mailbox?

¿Dónde hay un buzón?

돈데 아이 운 부쏜

✈ 우체국은 몇 시에 닫습니까?

What time does the post office close?

¿A qué hora cierra la oficina de correos?

아 깨 오라 씨에라 라 오피씨나 데 꼬레오스

✈ 이걸 한국으로 부치고 싶습니다.

I'd like to send this to Korea.

Quisiera enviar esto a Corea del Sur.

끼시에라 엔비아르 에스또 아 꼬레아 델 수르

✈ 기념우표를 주세요.

Can I have commemorative stamps?

¿Me da sellos conmemorativos?

메 다 세요스 꼰메모라띠보스

✈ 이걸 한국으로 보내려면 얼마나 듭니까?
How much would it cost to send this to Korea?
¿Cuánto cuesta enviar esto a Corea del Sur?
꾸안또 꾸에스따 엔비아르 에스또 아 꼬레아 델 수르

✈ 속달[등기]로 보내 주세요.
Express[Registered] mail, please.
Por correo urgente[certificado], por favor.
뽀르 꼬레오 우르헨떼[쎄르띠피까도], 뽀르 파보르

✈ 이 우편 요금은 얼마입니까?
How much is the postage for this?
¿Cuánto es el gasto de envío de esto?
꾸안또 에스 엘 가스또 데 엔비오 데 에스또

✈ 한국에는 언제쯤 도착합니까?
How long will it take to get to Korea?
¿Cuándo llegará a Corea del Sur?
꾸안도 예가라 아 꼬레아 델 수르

✈ 항공편[선편]으로 부탁합니다.
By air mail[sea mail], please.
Por correo aéreo[marítimo], por favor.
뽀르 꼬레오 아에레오[마리띠모], 뽀르 파보르

소포를 보낼 때

✈ 이 소포를 한국으로 보내고 싶습니다.
I'd like to send this parcel to Korea.
Quisiera enviar este paquete a Corea del Sur.
끼시에라 엔비아르 에스떼 빠깨떼 아 꼬레아 델 수르

✈ 내용물은 무엇입니까?
What's inside?
¿Qué hay dentro?
깨 아이 덴뜨로

✈ 개인적으로 사용하는 것입니다.
My personal items.
Mis artículos personales.
미스 아르띠꿀로스 뻬르소날레스

✈ 선편이라면 며칠 정도면 한국에 도착합니까?
How long will it take by sea mail to Korea?
¿Cuánto se tarda a Corea del Sur por correo marítimo?
꾸안또 세 따르다 아 꼬레아 델 수르 뽀르 꼬레오 마리띠모

✈ 깨지기 쉬운 것이 들어 있습니다.
This is fragile.
Esto es frágil.
에스또 에스 프라힐

✈ 소포를 보험에 들겠어요.
I'd like to have this parcel insured.
Quisiera un seguro del paquete.
끼시에라 운 세구로 델 빠깨떼

전화·우편에 관련된 말		
전화	teléfono	뗄레포노
공중전화	teléfono público	뗄레포노 뿌블리꼬
국제전화	llamada internacional	야마다 인떼르나씨오날
전화번호	número de teléfono	누메로 데 뗄레포노
전화부스	cabina	까비나
휴대전화	teléfono móvil	뗄레포노 모빌
전화번호부	directorio telefónico	디렉또리오 뗄레포니꼬
수화기	auricular	아우리꿀라르
전화카드	tarjeta telefónica	따르헤따 뗄레포니까
내선	línea interna	리네아 인떼르나
컬렉트콜	llamada a cobro revertido	야마다 아 꼬브로 레베르띠도
지명통화	llamada personal	야마다 뻬르소날
시내통화	llamada urbana	야마다 우르바나
시외통화	llamada interurbana	야마다 인떼루르바나
교환수	operador de teléfono	오뻬라도르 데 뗄레포노
자동응답전화	contestador	꼰떼스따도르
전화를 걸다	realizar una llamada	레알리싸르 우나 야마다
전화를 받다	recibir una llamada	레씨비르 우나 야마다
우체국	oficina de correos	우피씨나 데 꼬레오스
편지	carta	까르따
봉투	sobre	소브레
편지지	papel de escribir	빠뻴 데 에스끄리비르
엽서	postal	뽀스딸
주소	dirección	디렉씨온
우체통	buzón	부쏜
등기	certificado	쎄르띠피까도
항공편	aéreo	아에레오
선편	marítimo	마리띠모
전보	telegrama	뗄레그라마
취급주의	frágil	프라힐

PART 9

트러블

여행트러블에 관한 정보

아플 때

여행을 떠나기 전에 미리 건강상태를 체크해보는 것이 좋다. 건강한 사람이라도 여행 중에는 환경 변화와 피로로 인해 질병을 얻기 쉬우므로 혹시라도 만성적인 질환을 가지고 있다면 검사를 받아보는 것이 안전하다. 외국에서도 우리와 마찬가지로 의사의 처방전 없이는 약을 살 수 없는 경우가 많으므로 간단한 상비약 정도는 준비해두는 것이 좋다. 만성질환이 있는 사람이라면 국내에서 영어로 된 처방전을 받아서 가지고 가는 게 좋다. 만일의 경우 여행지의 의사에게 보이고 처방전을 받아야 할 일이 생길 수도 있기 때문이다.

여권을 분실했을 때

1. 가까운 경찰서에 가서 여권 분실 신고를 하고 여권 분실 확인서를 발급받는다.
2. 현지 공관으로 가서 여권 분실 확인서를 제출하고 단수여권이나 여행 증명서를 발급받는다. 이때 여권용 사진을 2장 제출해야 하므로 여행 시 만약의 사태를 대비해 여분의 사진을 준비하도록 한다.
3. 제3국으로의 여행이 예정되어 있다면 단수여권이나 여행 증명서로 입국할 수 있는지 등을 미리 알아본 후에 일정을 진행하도록 한다.
4. 입국 증명이 되지 않으면 출국할 수 없는 경우도 간혹 있으니 될 수 있으면 입국 증명서나 그에 준하는 확인서류를 준비하도록 한다.
5. 이 모든 과정에 여권 사본이 있으면 처리가 훨씬 쉬우니 여행 전에 반드시 여권 사본을 준비하도록 한다.

항공권을 분실했을 때

해당 항공사의 현지 사무실로 가서 항공권 분실에 대한 Lost Ticket Reissue를 신청해야 하며, 이때 항공사는 항공권 발권지인 서울 사무실로 전문을 보내 Reissue Authorization을 현지에서 받게 된다. 이때 항공권 번호, 발권 연월일, 구간과 발권 사실을 확인하며, 소요되는 기간은 약 1주일 정도이다.

현지에서 항공권을 새로 구입하는 방법도 있는데, 귀국 후에 분실 항공권에 대한 발급확인서를 받고 새로 구입한 항공권의 승객용 티켓과 신분증을 가지고 해당 항공사(본사)에 가면 현금으로 환불받을 수 있으나 이 때 소요되는 기간은 약 3개월 정도이다.

여행자수표를 분실했을 때

현지 여행자수표 발행처에 전화하여 분실신고를 하고 절차를 알아보며, 분실증명확인서(Police Report)가 필요한 경우에는 현지 경찰서에 신고하여 받도록 한다. 대개의 경우 REFUND CLAIM 사무소가 각 나라별로 한 도시에 일원화되어 있다.
대개의 경우 분실 경위, 장소, 수표번호 등을 정확히 신고하고 나서 24시간 후에 희망지역의 은행 또는 수표발행처에서 재발급받을 수 있다.
수표에는 반드시 여행자의 서명이 돼 있어야 하며 정확한 수표번호를 알고 있어야 하므로 여행자수표 지참 시에는 반드시 서명과 수표번호를 별도로 기재하여 지참하여야 한다.

수화물을 분실했을 때

공항에서 BAGGAGE CLAIM이라고 쓰여 있는 수하물 분실센터에 가서 신고한다. 신고할 때는 가방의 형태, 크기, 색상 등을 자세히 알려 주어야 한다. 짐을 붙이고 나서 받았던 Baggage Claim Tag(짐표, 화물보관증서)을 제시한다. 화물을 반환받을 투숙 호텔이나 연락처를 기재하며, 다음 여정이 있는 경우에는 여행일정을 알려 주고 분실증명서를 받아 화물을 찾지 못했을 경우 보상받기 위해 대비를 해야 한다. 화물을 찾지 못했을 경우에는 화물 운송협약에 의해 보상을 받을 수 있으며, 여행자 보험에 가입했을 경우에는 항공사에서 발행한 분실증명서를 근거로 보상을 받을 수 있다.

UNIT 01

말이 통하지 않을 때

익숙하지 않는 스페인어로 말하고 있으면, 상대가 하는 말을 알아듣지 못하는 경우가 많습니다. 그 자리의 분위기나 상대에게 신경을 쓴 나머지 자신도 모르게 그만 웃으며 승낙을 하는 경우가 있으므로 결코 알았다는 행동을 취하지 말고 적극적으로 묻습시다. 이야기의 내용을 모를 때는 No entiendo.(모르겠습니다.)라고 분명히 말합시다.

나는 ________________ 를 모릅니다.
I can't speak ________________ .
No hablo ________________ .
노 아블로

□	스페인어	Spanish	español	에스빠뇰
□	영어	English	inglés	잉글레스
□	한국어	Korean	coreano	꼬레아노
□	중국어	Chinese	chino	치노

Q : 스페인어를 할 줄 모릅니다.
I can't speak Spanish.
No hablo español.
노 아블로 에스빠뇰

A : 그거 난처하군요.
That might be a problem.
Eso podría ser un problema.
에소 뽀드리아 세르 운 쁘로블레마

✈ 스페인어를 할 줄 압니까?
Do you speak Spanish?
¿Habla español?
아블라 에스빠뇰

✈ 스페인어는 할 줄 모릅니다.
I can't speak Spanish.
No hablo español.
노 아블로 에스빠뇰

✈ 스페인어는 잘 못합니다.
My Spanish isn't very good.
Mi español no es muy bueno.
미 에스빠뇰 노 에스 무이 부에노

✈ 스페인어는 압니까?
Do you understand Spanish?
¿Entiende español?
엔띠엔데 에스빠뇰

✈ 영어를 하는 사람은 있습니까?
Does anyone speak English?
¿Hay alguien que hable inglés?
아이 알기엔 깨 아블레 잉글레스

✈ 스페인어로는 설명할 수 없습니다.
I can't explain it in Spanish.
No puedo explicarlo en español.
노 뿌에도 엑쓰쁠리까를로 엔 에스빠뇰

✈ **통역을 부탁하고 싶은데요.**
I need an interpreter.
Necesito un intérprete.
네쎄씨또 운 인떼르쁘레떼

✈ **어느 나라 말을 하십니까?**
What language do you speak?
¿Qué idioma habla?
깨 이디오마 아블라

✈ **한국어를 하는 사람은 있습니까?**
Does anyone speak Korean?
¿Hay alguien que hable coreano?
아이 알기엔 깨 아블레 꼬레아노

✈ **한국어로 쓰인 것은 있습니까?**
Do you have any information in Korean?
¿Tiene alguna información en coreano?
띠에네 알구나 인포르마씨온 엔 꼬레아노

✈ **한국어판은 있습니까?**
Do you have one in Korean?
¿Tiene uno en coreano?
띠에네 우노 엔 꼬레아노

✈ **한국어 신문은 있습니까?**
Do you have any Korean newspapers?
¿Tiene algún periódico en coreano?
띠에네 알군 뻬리오디꼬 엔 꼬레아노

스페인어를 못 알아들을 때

✈ 천천히 말씀해 주시면 알겠습니다.
I'll understand if you speak slowly.
Entenderé si habla más despacio.
엔뗀데레 시 아블라 마스 데스빠씨오

✈ 좀 더 천천히 말씀해 주세요.
Speak more slowly, please.
Hable más despacio, por favor.
아블레 마스 데스빠씨오, 뽀르 파보르

✈ 당신이 말하는 것을 모르겠습니다.
I can't understand you.
No le entiendo.
놀 레 엔띠엔도

✈ 그건 무슨 뜻입니까?
What do you mean by that?
¿Qué significa eso?
깨 시그니피까 에소

✈ 써 주세요.
Write it down, please.
Escríbalo, por favor.
에스끄리발로, 뽀르 파보르

✈ 여기서는 아무도 한국어를 못합니다.
No one here speaks Korean.
Aquí nadie habla coreano.
아끼 나디에 아블라 꼬레아노

UNIT 02

난처할 때

여행지에서 난처한 일이 발생하여 도움을 구하는 필수 표현은 ¡Ayuda!입니다. 하지만 순식간에 난처한 일이 발생했을 때는 입이 얼어 아무 말도 나오지 않는 법입니다. 트러블은 가급적 피하는 게 좋겠지만, 그렇지 못할 때를 대비해서 상대를 제지할 수 있는 최소한의 표현은 반드시 기억해 둡시다.

____________ 은(는) 어디에 있나요?

Where's ____________ ?

¿Dónde hay ____________ ?

돈데 아이

□	화장실	the rest room	un aseo	운 아세오
□	병원	the hospital	un hospital	운 오스삐딸
□	약국	the drugstore	una famacia	우나 파르마씨아
□	경찰서	the police station	una estación de policía	우나 에스따씨온 데 뽈리씨아

Q : 어떻게 하면 좋을까요?

What should I do?

¿Qué debo hacer?

깨 데보 아쎄르

A : 도와드리겠습니다.

Well, let me help you.

Deje que le ayude.

데헤 깰 레 아유데

난처할 때

✈ 문제가 생겼습니다.
I have a problem.
Tengo un problema.
뗑고 운 쁘로블레마

✈ 지금 무척 난처합니다.
I'm in big trouble now.
Tengo un gran problema.
뗑고 운 그란 쁘로블레마

✈ 무슨 좋은 방법은 없을까요?
Do you have any suggestions?
¿Tiene alguna sugerencia?
띠에네 알구나 수헤렌씨아

✈ 어떻게 하면 좋을까요?
What should I do?
¿Qué debería hacer?
깨 데베리아 아쎄르

✈ 화장실은 어디죠?
Where's the rest room?
¿Dónde está el baño?
돈데 에스따 엘 바뇨

✈ 어떻게 해 주십시오.
Do something about this.
Haga algo al respecto.
아가 알고 알 레스뻭또

무엇을 원하세요?
What do you want?
¿Qué desea?
깨 데세아

알겠습니다. 다치게만 하지 마세요.
Okay. Don't hurt me.
Vale. Pero no me haga daño.
발레. 뻬로 노 메 아가 다뇨

시키는 대로 할게요.
Whatever you say.
Lo que diga usted.
로 깨 디가 우스뗀

누구야?
Who are you?
¿Quién es?
끼엔 에스

가진 돈이 없어요!
I don't have any money.
No tengo nada de dinero.
노 뗑고 나다 데 디네로

잠깐! 뭘 하는 겁니까?
Hey! What are you doing?
¡Oiga! ¿Qué está haciendo?
오이가! 깨 에스따 아씨엔도

✈ 그만두세요.
Stop it!
¡Déjelo!
데헬로

✈ 만지지 마세요!
Don't touch me!
¡No lo toque!
놀 로 또께

✈ 저리 가!
Leave me alone!
¡Déjeme!
데헤메

✈ 가까이 오지 마세요!
Stay away from me!
¡No se acerque!
노 세 아쎄르께

✈ 경찰을 부르겠다!
I'll call the police!
¡Voy a llamar a la policía!
보이 아 야마르 알 라 뽈리씨아

✈ 도와줘요!
Help!
¡Ayuda!
아유다

UNIT 03

분실·도난을 당했을 때

여권이나 귀중품을 분실하거나 도난을 당했다면 먼저 호텔의 경비담당이나 경찰에 신고를 하고 도난증명서를 발급받습니다. 이것은 재발행을 신청하거나 보험을 청구할 때 필요하기 때문입니다. 여권의 발행 연월일, 번호, 발행지 등을 수첩에 메모해 두고 예비사진 2장도 준비해 두는 것이 만약의 경우에 도움이 됩니다.

내 ________ 을(를) 도난당했습니다.
My ________ was stolen.
Me han robado ________ .
메 안 로바도

□	여권	passport	el pasaporte	엘 빠사뽀르떼
□	신용카드	credit card	la tarjeta de crédito	라 따르헤따 데 끄레디또
□	여행자수표	traveler's check	el cheque de viajero	엘 체께 데 비아헤로
□	지갑	wallet	la cartera	라 까르떼라

Q : 버스에 물건을 놓고 내렸습니다.
I left something on the bus.
Me dejé algo en el autobús.
메 데헤 알고 엔 엘 아우또부스

A : 어떤 물건입니까?
What is it?
¿Qué es?
깨 에스

분실했을 때

✈ **분실물 취급소는 어디에 있습니까?**

Where is the lost and found?

¿Dónde guardan los objetos perdidos?

돈데 구아르단 로스 옵헤또스 뻬르디도스

✈ **무엇을 잃어버렸습니까?**

What did you lose?

¿Qué perdió?

깨 뻬르디오

✈ **여권을 잃어버렸습니다.**

I lost my passport.

Perdí mi pasaporte.

뻬르디 미 빠사뽀르떼

✈ **열차 안에 지갑을 두고 내렸습니다.**

I left my wallet on the train.

Me he dejado la cartera en el tren.

메 에 데하도 라 까르떼라 엔 엘 뜨렌

✈ **여기서 카메라 못 보셨어요?**

Did you see a camera here?

¿Ha visto una cámara aquí?

아 비스또 우나 까마라 아끼

✈ **어디서 잃어버렸는지 기억이 안 납니다.**

I'm not sure where I lost it.

No sé dónde lo perdí.

노 세 돈데 로 뻬르띠

멈춰! 도둑이야!
Stop! Thief!
¡Alto! ¡Ladrón!
알또! 라드론

내놔!
Give it back to me!
¡Devuélvamelo!
데부엘바멜로

저놈이 내 가방을 뺏어 갔어요!
He took my bag!
¡Se ha llevado mi bolso!
세 아 예바도 미 볼소

지갑을 도둑맞았어요!
I had my wallet stolen!
¡Me han robado la cartera!
메 안 로바도 라 까르떼라

방에 도둑이 들어왔습니다.
A burglar broke into my room.
Un ladrón entró a mi habitación.
운 라드론 엔뜨로 아 미 아비따씨온

경찰서에서

✈ 경찰서는 어디에 있습니까?

Where's the police station?

¿Dónde está la estación de policía?

돈데 에스따 라 에스따씨온 데 뽈리씨아

✈ 경찰에 신고해 주시겠어요?

Will you report it to the police?

¿Podría llamar a la policía?

뽀드리아 야마르 알 라 뽈리씨아

✈ 누구에게 알리면 됩니까?

Who should I inform?

¿A quién tengo que avisar?

아 끼엔 뗑고 깨 아비사르

✈ 얼굴은 봤나요?

Did you see his face?

¿Vio su cara?

비오 수 까라

✈ 경찰에 도난신고서를 내고 싶은데요.

I'd like to report the theft to the police.

Quisiera denunciar un robo a la policía.

끼시에라 데눈씨아르 운 로보 알 라 뽈리씨아

✈ 찾으면 한국으로 보내 주시겠어요?

Could you please send it to Korea when you find it?

¿Podría enviarlo a Corea del Sur si lo encuentra?

뽀드리아 엔비아를로 아 꼬레아 델 수르 실 로 엥꾸엔뜨라

UNIT **04**

사고를 당했을 때

사고가 일어나면 먼저 경찰에게 알립니다. 그리고 보험회사, 렌터카 회사에 연락을 취합니다. 당사자인 경우에는 먼저 Lo siento.라고 말하면 잘못을 인정하는 꼴이 되어 버립니다. 만일을 위해 해외여행 상해보험은 반드시 들어 둡시다. 보험 청구를 위해서는 사고증명서를 반드시 받아 두어야 합니다.

____________ 을(를) 불러 주세요.

Please call ____________ .

Por favor, llame ____________ .

뽀르 파보르, 야메

□	경찰	the police	a la policía	알 라 뽈리씨아
□	구급차	an ambulance	una ambulancia	우나 암불란씨아
□	의사	a doctor	a un doctor	아 운 독또르
□	안내원	a guide	a un guía	아 운 기아

Q : 교통사고를 당했습니다.
I was in a car accident.
He tenido un accidente.
에 떼니도 운 악씨덴떼

A : 어디서 말입니까?
Where did it happen?
¿Dónde ocurrió?
돈데 오꾸리오

교통사고를 당했을 때

✈ 큰일 났습니다.

It's an emergency.

Es una emergencia.

에스 우나 에메르헨씨아

✈ 교통사고를 당했습니다.

I was in a car accident.

He tenido un accidente.

에 떼니도 운 악씨덴떼

✈ 친구가 차에 치었습니다.

My friend was hit by a car.

Un coche atropelló a mi amigo.

운 꼬체 아뜨로뻬요 아 미 아미고

✈ 구급차를 불러 주세요.

Please call an ambulance!

¡Por favor, llame a una ambulancia!

뽀르 파보르, 야메 아 우나 암불란씨아

✈ 다친 사람이 있습니다.

There is an injured person here.

Hay un herido aquí.

아이 운 에리도 아끼

✈ 저를 병원으로 데려가 주시겠어요?

Could you take me to a hospital?

¿Podría llevarme a un hospital?

뽀드리아 예바르메 아 운 오스삐딸

교통사고를 내거나 교통위반을 했을 때

✈ 사고를 냈습니다.

I've had an accident.

He tenido un accidente.

에 떼니도 운 악씨덴떼

✈ 보험을 들었습니까?

Are you insured?

¿Tiene seguro?

띠에네 세구로

✈ 속도위반입니다.

You were speeding.

Es exceso de velocidad.

에스 엑쎄소 데 벨로씨닫

✈ 제한속도로 달렸는데요.

I was driving within the speed limit.

Iba dentro del límite de velocidad.

이바 덴뜨로 델 리미떼 데 벨로씨닫

✈ 렌터카 회사로 연락해 주시겠어요?

Would you contact the car rental company?

¿Podría llamar a la empresa de alquiler de coche?

뽀드리아 야마르 알 라 엠쁘레사 데 알낄레르 데 꼬체

✈ 사고증명서를 써 주시겠어요?

Will I get a police report?

¿Me podría dar un informe policial?

메 뽀드리아 다르 운 인포르메 뽈리씨알

사고경위를 진술할 때

✈ 도로표지판의 뜻을 몰랐습니다.
I didn't know what that sign said.
No sabía qué decía la señal.
노 사비아 깨 데씨아 라 세냘

✈ 제 책임이 아닙니다.
I'm not responsible for it.
No soy responsable de ello.
노 소이 레스뽄사블레 데 에요

✈ 상황이 잘 기억나지 않습니다.
I don't remember what happened.
No me acuerdo de lo que pasó.
노 메 아꾸에르도 델 로 깨 빠쏘

✈ 신호를 무시했습니다.
I ignored a signal.
Me salté una señal.
메 살떼 우나 세냘

✈ 저야말로 피해자입니다.
I'm the victim.
Yo soy la víctima.
요 소이 라 빅띠마

✈ 여행을 계속해도 되겠습니까?
Can I continue on my way?
¿Puedo seguir con mi viaje?
뿌에도 세기르 꼰 미 비아헤

도와줘요!
¡ Ayuda!
아유다
소매치기야!/날치기다!
¡ Un ladrón!
운 라드론
잡아라!
¡ Deténganlo!
데뗑간로
빨리 경찰을 불러 주세요!
¡ Llame a la policía, rápido!
야메 알 라 뾸리씨아, 라삐도

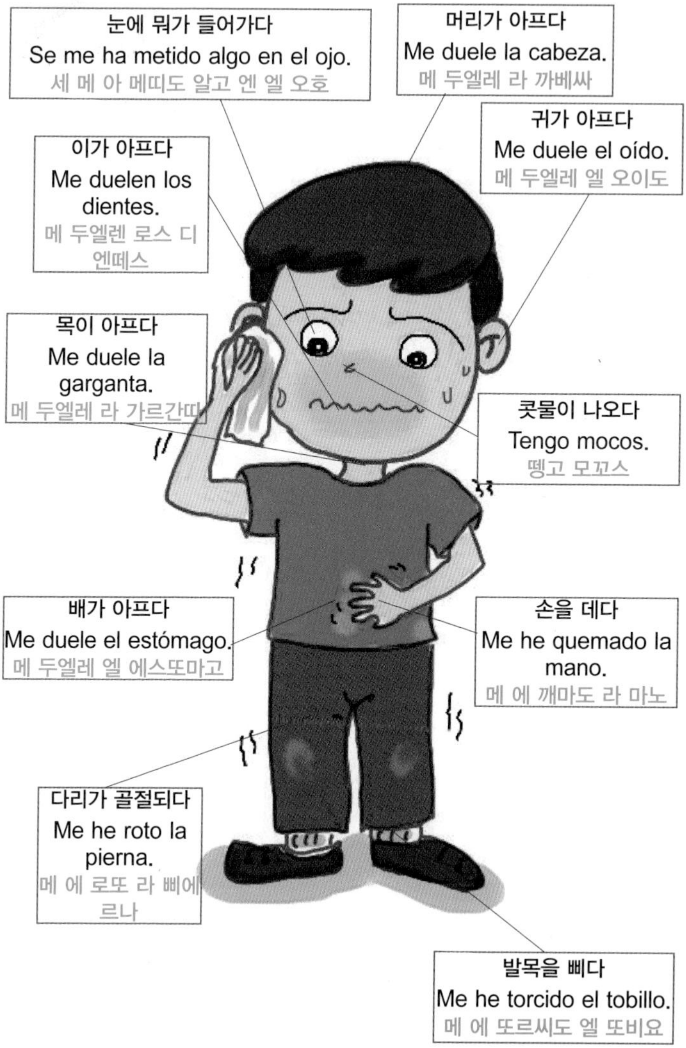
눈에 뭐가 들어가다
Se me ha metido algo en el ojo.
세 메 아 메띠도 알고 엔 엘 오호
머리가 아프다
Me duele la cabeza.
메 두엘레 라 까베싸
귀가 아프다
Me duele el oído.
메 두엘레 엘 오이도
이가 아프다
Me duelen los dientes.
메 두엘렌 로스 디엔떼스
목이 아프다
Me duele la garganta.
메 두엘레 라 가르간따
콧물이 나오다
Tengo mocos.
뗑고 모꼬스
배가 아프다
Me duele el estómago.
메 두엘레 엘 에스또마고
손을 데다
Me he quemado la mano.
메 에 깨마도 라 마노
다리가 골절되다
Me he roto la pierna.
메 에 로또 라 삐에르나
발목을 삐다
Me he torcido el tobillo.
메 에 또르씨도 엘 또비요

UNIT **05**

몸이 아플 때

여행 중에 몸이 아프면 먼저 묵고 있는 호텔의 프런트에 연락을 취하고 호텔 닥터나 호텔의 지정 의사를 소개받습니다. 호텔 이외의 장소에서 몸이 아픈 경우에는 구급차를 부르게 되는데, 의료비도 비싸므로 출발 전에 여행자 보험에 가입해 둡시다. 보험 청구를 위해 치료비의 영수증은 받아 두도록 합시다.

(통증을 말할 때) ________________ 니다.

I have a ________________ .

Tengo ________________ .

뗑고

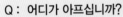

□	머리가 아픕	headache	dolor de cabeza	돌로르 데 까베싸
□	배가 아픕	stomachache	dolor de estómago	돌로르 데 에스또마고
□	목이 아픕	sore throat	dolor de garganta	돌로르 데 가르간따
□	이가 아픕	toothache	dolor de diente	돌로르 데 디엔떼

Q : 어디가 아프십니까?

Where does it hurt?

¿Dónde le duele?

돈데 레 두엘레

A : 여기가 아픕니다.

Right here.

Me duele aquí.

메 두엘레 아끼

의사를 불러 주세요.
Please call a doctor.
Por favor, llame a un doctor.
뽀르 파보르, 야메 아 운 독또르

의사에게 진찰을 받고 싶은데요.
I'm here for a doctor's examination.
Quisiera que me vea un médico.
끼시에라 깨 메 베아 운 메디꼬

병원으로 데리고 가 주시겠어요?
Could you take me to a hospital?
¿Me podría llevar a un hospital?
메 뽀드리아 예바르 아 운 오스삐딸

진료 예약이 필요합니다.
I need an appointment to see a doctor.
Necesito una cita para ver a un doctor.
네쎄씨또 우나 씨따 빠라 베르 아 운 독또르

진료 예약을 하고 싶은데요.
Can I make an appointment?
¿Puedo pedir una cita?
뿌에도 뻬디르 우나 씨따

한국어를 아는 의사는 있나요?
Is there a Korean-speaking doctor?
¿Hay algún doctor que hable coreano?
아이 알군 독또르 깨 아블레 꼬레아노

몸에 이상이 있을 때

몸이 안 좋습니다.
I don't feel well.
No me encuentro bien.
노 메 엥꾸엔뜨로 비엔

아이 상태가 이상합니다.
Something's wrong with my child.
El niño no está bien.
엘 니뇨 노 에스따 비엔

현기증이 납니다.
I feel dizzy.
Me mareo.
메 마레오

몸이 나른합니다.
I feel weak.
No tengo fuerza.
노 뗑고 푸에르싸

식욕이 없습니다.
I don't have an appetite.
No tengo apetito.
노 뗑고 아뻬띠또

밤에 잠이 안 옵니다.
I can't sleep at night.
No puedo dormir por la noche.
노 뿌에도 도르미르 뽀르 라 노체

증상을 설명할 때

감기에 걸렸습니다.
I have a cold.
Estoy resfriado.
에스또이 레스프리아도

감기에 걸린 것 같습니다.
I think I have a cold.
Creo que estoy resfriada.
끄레오 깨 에스또이 레스프리아다

설사가 심합니다.
I have bad diarrhea.
Tengo diarrea intensa.
뗑고 디아레아 인뗀사

열이 있습니다.
I have a fever.
Tengo fiebre.
뗑고 피에브레

이건 한국 의사가 쓴 것입니다.
This is from my doctor in Korea.
Esto es de mi doctor en Corea.
에스또 에스 데 미 독또르 엔 꼬레아

여기가 아픕니다.
I have a pain here.
Me duele aquí.
메 두엘레 아끼

✈ 잠이 오지 않습니다.
I can't sleep.
No puedo dormir.
노 뿌에도 도르미르

✈ 구토를 합니다.
I feel nauseous.
Tengo náuseas.
뗑고 나우세아스

✈ 변비가 있습니다.
I am constipated.
Estoy estreñido/a.
에스또이 에스뜨레니도/다

✈ 기침이 납니다.
I have a cough.
Tengo tos.
뗑고 또스

✈ 어제부터입니다.
Since yesterday.
Desde ayer.
데스데 아예르

✈ 다쳤습니다.
I've injured myself.
Me he hecho daño.
메 에 에초 다뇨

진료를 마치면서

✈ 많이 좋아졌습니다.
I feel much better now.
Me siento mucho mejor.
메 씨엔또 무초 메호르

✈ 진단서를 써 주시겠어요?
Would you give me a medical certificate?
¿Me podría dar un certificado médico?
메 뽀드리아 다르 운 쎄르띠피까도 메디꼬

✈ 예정대로 여행을 해도 괜찮겠습니까?
Can I travel as scheduled?
¿Puedo viajar como lo previsto?
뿌에도 비아하르 꼬모 로 쁘레비스또

✈ 며칠 정도 안정이 필요합니까?
How long do I have to stay in bed?
¿Cuánto tiempo tengo que estar en reposo?
꾸안또 띠엠뽀 뗑고 깨 에스따르 엔 레뽀소

✈ (약국에서) 이 처방전 약을 주세요.
Fill this prescription, please.
Me da la medicina de esta prescripción, por favor.
메 달 라 메디씨나 데 에스따 쁘레스끄립씨온, 뽀르 파보르

✈ 이 약은 어떻게 먹습니까?
How do I take this medicine?
¿Cómo hay que tomar esta medicina?
꼬모 아이 깨 또마르 에스따 메디씨나

MEMO

PART 10

귀국

Unit 01 예약 변경 · 재확인

Unit 02 탑승과 출국

귀국에 관한 정보

짐 정리

출발하기 전에 맡길 짐과 기내로 갖고 들어갈 짐을 나누어 꾸리고 토산품과 구입한 물건의 품명과 금액 등에 대한 목록을 만들어 두면 좋다.

예약 재확인

귀국할 날이 정해지면 미리 좌석을 예약해 두어야 한다. 또 예약을 해두었을 경우에는 출발 예정 시간의 72시간 이전에 예약 재확인을 해야 한다. 이것은 항공사의 사무소나 공항 카운터에 가든지 아니면 전화로 이름, 연락 전화번호, 편명, 행선지를 말하면 된다. 재확인을 안 하면 예약이 취소되는 경우도 있으므로 주의해야 한다.

체크인

귀국 당일은 출발 2시간 전까지 공항에 미리 나가서 체크인을 마쳐야 한다. 출국절차는 매우 간단하다. 터미널 항공사 카운터에 가서 여권, 항공권, 출입국카드(입국시 여권에 붙여 놓았던 것)를 제시하면 직원이 출국카드를 떼어 내고 비행기의 탑승권을 준다. 동시에 화물편으로 맡길 짐도 체크인하면 화물 인환증을 함께 주므로 잘 보관해야 한다. 항공권에 공항세가 포함되지 않았을 경우에는 출국 공항세를 지불해야 하는 곳도 있다. 그 뒤는 보안검사, 수화물 X선 검사를 받고 탑승권에 지정되어 있는 탑승구로 가면 된다. 면세품을 사려면 출발 로비의 면세점에서 탑승권을 제시하고 사면 된다.

인천국제공항 입국 안내

도착 여객은 기내에서 배부해 주는 검역 설문지를 작성한다. 도착 중간층인 지상 2층에 위치한 도착 복도를 지나 검역(동·식물 검역 포함)을 받은 후, 내국인은 내국인 전용, 외국인은 외국인 전용 입국심사 데스크를 이용하여 입국심사(여권, 입국신고서, 항공권 제출)를 한다. 도착보안검색의 절차를 거쳐 10개의 수직코아를 이용해 도착 층인 지상 1층의 수하물 수취지역으로 이동하여 수하물을 찾은 후, 세관검사를 거쳐 환영홀로 나가게 된다.

✹ 귀국 시 면세 허용

○ 면세통로

- 해외나 국내 면세점에서 구입하여 반입하는 물품 총액이 800달러 이하
- 주류 2병(합산 2리터 이하, 400달러 이하), 담배 1보루(200개비) ; 만 19세 미만은 제외
- 향수 60ml 이하

○ 신고 검사대

- 면세통과 해당 이외의 물품을 소지한 자
- 통관불허 품목
  - 유해 의약품, 가공처리가 되지 않은 식품
  - 무기류 및 유사제품 등등

UNIT 01

예약 변경·재확인

귀국하는 날짜가 다가오면 비행기 예약을 합니다. 한국에서 떠날 때 예약해 둔 경우에는 미리 전화나 시내의 항공회사 영업소에서 반드시 예약 재확인(confirmación)을 해 두어야 합니다. 공항에는 여유를 가지고 출발 2시간 전에 도착하는 것이 좋습니다.

____ 편으로 변경하고 싶은데요.

I'd like to change it to ____ flight.

Quisiera cambiar de vuelo a uno ____ .

끼시에라 깜비아르 데 부엘로 아 우노

□	오전	morning	por la mañana	뽀를 라 마냐나
□	오후	afternoon	por la tarde	뽀를 라 따르데
□	내일	tomorrow	de mañana	데 마냐나
□	10월 9일	October 9th	del nueve de octubre	델 누에베 데 옥뚜브레

Q : 예약 재확인을 부탁합니다.

I would like to make a reconfirmation for my flight.

Quisiera confirmar mi vuelo.

끼시에라 꼰피르마르 미 부엘로

A : 항공권은 가지고 계십니까?

Do you have a ticket?

¿Tiene el billete?

띠에네 엘 비예떼

귀국편 예약

여보세요. 이베리아항공입니까?

Hello. Is this Iberia Airlines?

Hola. ¿Es Iberia Airlines?

올라. 에스 이베리아 에얼라인스

인천행을 예약하고 싶은데요.

I'd like to reserve a seat for Incheon.

Quisiera reservar un asiento para Incheon.

끼시에라 레세르바르 운 아시엔또 빠라 인천

내일 비행기는 예약이 됩니까?

Can you book us on tomorrow's flight?

¿Puedo reservar un vuelo para mañana?

뿌에도 레세르바르 운 부엘로 빠라 마냐나

다른 비행기는 없습니까?

Do you have any other flights?

¿Tiene otro vuelo?

띠에네 오뜨로 부엘로

편명과 출발 시간을 알려 주십시오.

What is the flight number and departure time?

Dígame su número de vuelo y hora de salida.

디가메 수 누메로 데 부엘로 이 오라 데 살리다

몇 시까지 탑승수속을 하면 됩니까?

By what time should we check in?

¿A qué hora es el embarque?

아 께 오라 에스 엘 엠바르께

예약을 재확인하고 싶은데요.

I'd like to reconfirm my flight.

Quisiera confirmar mi vuelo.

끼시에라 꼰피르마르 미 부엘로

성함과 편명을 말씀하십시오.

Your name and flight number, please.

Dígame su nombre y número de vuelo, por favor.

디가메 누 놈브레 이 누메로 데 부엘로, 뽀르 파보르

무슨 편 몇 시발입니까?

What's the flight number and the departure time?

¿Cuál es el número de vuelo y la hora de salida?

꾸알 에스 엘 누메로 데 부엘로 이 라 오라 데 살리다

저는 분명히 예약했습니다.

I definitely made a reservation.

Estoy segura de que reservé.

에스또이 세구라 데 깨 레세르베

한국에서 예약했는데요.

I reserved my flight in Korea.

Reservé mi vuelo en Corea.

레세르베 미 부엘로 엔 꼬레아

즉시 확인해 주십시오.

Please check on it right away.

Por favor, ¿me lo confirma ahora?

뽀르 파보르, 멜 로 꼰피르마 아오라

예약의 변경과 취소

✈ 비행편을 변경할 수 있습니까?
Can I change my flight?
¿Puedo cambiar de vuelo?
뿌에도 깜비아르 데 부엘로

✈ 어떻게 변경하고 싶습니까?
How do you want to change your flight?
¿Cómo quiere cambiar su vuelo?
꼬모 끼에레 깜비아르 수 부엘로

✈ 10월 9일로 변경하고 싶습니다.
I'd like to change it to October 9th(ninth).
Quisiera cambiarlo a nueve de octubre.
끼시에라 깜비아를로 아 누에베 데 옥뚜브레

✈ 예약을 취소하고 싶은데요.
I'd like to cancel my reservation.
Quisiera cancelar mi reserva.
끼시에라 깐셀라르 미 레세르바

✈ 다른 항공사 비행기를 확인해 주세요.
Please check other airlines.
Por favor, compruebe otras aerolíneas.
뽀르 파보르, 꼼쁘루에베 오뜨라스 아에롤리네아스

✈ 대기자 명단에 올려 주시겠어요?
Can you put me on the waiting list?
¿Me puede poner en lista de espera?
메 뿌에데 뽀네르 엔 리스따 데 에스뻬라

UNIT 02

탑승과 출국

공항에서는 2시간 전에 체크인하는 것이 바람직합니다. 만일에 문제가 발생했더라도 여유를 가지고 대처할 수 있습니다. 또한 짐이 늘어난 경우에는 초과요금을 지불해야 합니다. 가능하면 초과되지 않는 범위 내에서 짐을 기내로 가지고 가도록 하며, 시간적 여유가 있을 때 사지 못한 선물이 있다면 면세점에서 구입하면 됩니다.

(공항에서) ________________ 어디입니까?

Where is the ________________ ?

¿Dónde está ________________ ?

돈데 에스따

□ 대한항공 카운터	Korean Airline counter	el mostrador de Korean Airline	엘 모스뜨라도르 데 꼬레안 에얼라인
□ 출발로비	departure lobby	la sala de salida	라 살라 데 살리다
□ 탑승구	boarding gate	la puerta de embarque	라 뿌에르따 데 엠바르께

Q : 탑승권을 보여 주십시오.

May I have your ticket?

¿Me enseña su billete?

메 엔세냐 수 비예떼

A : 네, 여기 있습니다.

Yes, here it is.

Sí, aquí tiene.

씨, 아끼 띠에네

공항으로 갈 때

✈ 공항까지 가 주세요.

Take me to the airport, please.

Por favor, lléveme al aeropuerto.

뽀르 파보르, 예베메 알 아에로뿌에르또

✈ 짐은 몇 개입니까?

How many pieces of baggage?

¿Cuántas maletas?

꾸안따스 말레따스

✈ 공항까지 어느 정도 걸립니까?

How long will it take to get to the airport?

¿Cuánto se tarda hasta el aeropuerto?

꾸안또 세 따르다 아스따 엘 아에로뿌에르또

✈ 공항까지 대략 얼마 나옵니까?

What is the approximate fare to the airport?

¿Cuánto es la tarifa estimada al aeropuerto?

꾸안또 에스 라 따리파 에스띠마다 알 아에로뿌에르또

✈ 빨리 가 주세요. 지금 늦었습니다.

Please hurry. I'm late, I am afraid.

Por favor, dese prisa. Llego tarde.

뽀르 파보르, 데세 쁘리사. 예고 따르데

✈ 어느 항공사입니까?

Which airlines?

¿Qué aerolínea es?

께 아에롤리네아 에스

물건을 두고 출발했을 때

✈ 기사님, 호텔로 다시 가 주시겠어요?

Driver, would you go back to the hotel?

Conductor, ¿puede volver al hotel?

꼰둑또르, 뿌에데 볼베르 알 오뗄

✈ 카메라를 호텔에 두고 왔습니다.

I left my camera in the hotel.

Me dejé la cámara en el hotel.

메 데헤 라 까마라 엔 엘 오뗄

✈ 중요한 것을 두고 왔습니다.

I left something very important there.

Me dejé algo importante.

메 데헤 알고 임뽀르딴떼

✈ 어디에 두었는지 기억합니까?

Do you remember where you left it?

¿Se acuerda dónde lo dejó?

세 아꾸에르다 돈데 로 데호

✈ 서랍에 넣어 두었습니다.

I put it in the drawer.

Lo metí en el cajón.

로 메띠 엔 엘 까혼

✈ 호텔에 전화를 해야겠군요.

You should call the hotel.

Debería llamar al hotel.

데베리아 야마르 알 오뗄

탑승수속을 할 때

✈ 탑승수속은 어디서 합니까?

Where do I check in?

¿Dónde se hace check-in?

돈데 세 아쎄 체낀

✈ 이베리아항공 카운터는 어디입니까?

Where's the Iberia Airlines counter?

¿Dónde está el mostrador de Iberia Airlines?

돈데 에스따 엘 모스뜨라도르 데 이베리아 에얼라인스

✈ 공항세는 있습니까?

Is there an airport tax?

¿Hay impuesto de aeropuerto?

아이 임뿌에스또 데 아에로뿌에르또

✈ 앞쪽 자리가 좋겠는데요.

I'd prefer a seat at the front of the plane.

Prefiero un asiento delante.

쁘레피에로 운 아씨엔또 델란떼

✈ 통로쪽[창쪽]으로 부탁합니다.

An aisle[A window] seat, please.

Un asiento en el pasillo[en la ventana], por favor.

운 아씨엔또 엔 엘 빠시요[엔 라 벤따나], 뽀르 파보르

✈ 친구와 같은 좌석으로 주세요.

I'd like to sit with my friend.

Quisiera sentarme con mi amigo.

끼시에라 센따르메 꼰 미 아미고

수화물을 체크할 때

맡기실 짐은 있으십니까?

Any baggage to check?

¿Tiene equipaje para facturar?

띠에네 에끼빠헤 빠라 팍뚜라르

맡길 짐은 없습니다.

I have no baggage to check.

No tengo equipaje para facturar.

노 뗑고 에끼빠헤 빠라 팍뚜라르

그 가방은 맡기시겠습니까?

Are you going to check that bag?

¿Va a facturar ese bolso?

바 아 팍뚜라르 에세 볼소

이 가방은 기내로 가지고 들어갑니다.

This is a carry-on bag.

Es equipaje de mano.

에스 에끼빠헤 데 마노

다른 맡기실 짐은 없습니까?

Do you have any other baggage to check?

¿Tiene otro equipaje para facturar?

띠에네 오뜨로 에끼빠헤 빠라 팍뚜라르

(짐은) 그것뿐입니다.

That's all the baggage I have.

Eso es todo mi equipaje.

에소 에스 또도 미 에끼빠헤

탑승 안내

✈ (탑승권을 보이며) 게이트는 몇 번입니까?

What gate is it?

¿Qué puerta es?

깨 뿌에르따 에스

✈ 3번 게이트는 어느 쪽입니까?

Which way is Gate 3(three)?

¿Dónde está la puerta tres?

돈데 에스따 라 뿌에르따 뜨레스

✈ 인천행 탑승 게이트는 여기입니까?

Is this the gate for Incheon?

¿Es la puerta para Incheon?

에스 라 뿌에르따 빠라 인천

✈ 왜 출발이 늦는 겁니까?

Why is the flight delayed?

¿Por qué va con retraso el vuelo?

뽀르 깨 바 꼰 레뜨라소 엘 부엘로

✈ 탑승은 시작되었습니까?

Has boarding started yet?

¿Ha empezado el embarque?

아 엠뻬싸도 엘 엠빠르깨

✈ 방금 인천행 비행기를 놓쳤는데요.

We just missed the flight to Incheon.

Acabamos de perder el vuelo a Incheon.

아까바모스 데 뻬르데르 엘 부엘로 아 인천

✈ **면세점은 어디에 있습니까?**
Where is the duty-free shop?
¿Dónde está la tienda libre de impuestos?
돈데 에스따 라 띠엔다 리브레 데 임뿌에스또스

✈ **면세로 살 수 있나요?**
Can I get it tax-free?
¿Puedo comprarlo sin impuesto?
뿌에도 꼼쁘라를로 씬 임뿌에스또

✈ **시바스리갈 3병 주세요.**
I'd like three Chivas Regal.
Quisiera tres Chivas Regal.
끼시에라 뜨레스 치바스 레갈

✈ **탑승권을 보여 주십시오.**
Show me your boarding card, please.
Enséñeme su tarjeta de embarque, por favor.
엔세녜메 수 따르헤따 데 엠바르깨, 뽀르 파보르

✈ **한국 돈도 받나요?**
Is it possible to pay in Korean won?
¿Aceptan el won coreano?
아쎕딴 엘 원 꼬레아노

✈ **여기서 수취할 수 있나요?**
Can I get this here?
¿Puedo recoger esto aquí?
뿌에도 레꼬헤르 에스또 아끼

✈ 입국신고서는 가지고 계십니까?
Do you have an immigration card?
¿Tiene su tarjeta de inmigración?
띠에네 수 따르헤따 데 인미그라씨온

✈ 이것이 세관신고서입니다.
This is the customs declaration form.
Es el formulario de declaración aduanal.
에스 엘 포르물라리오 데 데끌라라씨온 아두아날

✈ 입국카드 작성법을 잘 모르겠습니다.
I'm not sure how to fill out the immigration card.
No sé cómo rellenar la tarjeta de inmigración.
노 세 꼬모 레예나르 라 따르헤따 데 인미그라씨온

✈ 입국카드 작성법을 가르쳐 주시겠어요?
Could you explain how to fill out the immigration card to me?
¿Podría explicarme cómo rellenar la tarjeta de inmigración?
뽀드리아 엑쓰쁠리까르메 꼬모 레예나르 라 따르헤따 데 인미그라씨온

✈ 인천에는 언제 도착합니까?
When do we land in Incheon?
¿Cuándo llegamos a Incheon?
꾸안도 예가모스 아 인천

✈ 제시간에 도착합니까?
Are we arriving on time?
¿Llegamos a tiempo?
예가모스 아 띠엠뽀

[동영상 강의 무료 제공] 즉석에서 바로바로 활용하는

일상생활 스페인어 첫걸음

박은주 저 | 170*233mm | 288쪽 | 14,000원(mp3 CD 포함)

여행자 필수메모

성 명 Name	
생년월일 Date of Birth	
국 적 Nationality	
호 텔 Hotel	
여권번호 Passport No.	
비자번호 Visa No.	
항공기편명 Flight Name	
항공권번호 Air Ticket No.	
신용카드번호 Credit Card No.	
여행자수표번호 Traveler's Check No.	
출발지 Departed from	
목적지 Destination	